Dr. Sandra Hohmann

Deutsch intensiv

Lesen B1

Das Training.

Ernst Klett Sprachen
Stuttgart

1. Auflage 4 | 2026

www.klett-sprachen.de

Autorin: Dr. Sandra Hohmann

Redaktion: Ines Hälbig
Layoutkonzeption: Greta Gröttrup
Gestaltung und Satz: Datagroup Int, Timişoara
Umschlaggestaltung: Greta Gröttrup
Titelbild: Getty Images, München: gilaxia

Druck und Bindung: Elanders Waiblingen GmbH, Waiblingen

Printed in Germany
ISBN 978-3-12-675208-5

Vorwort

Liebe Lernende, Liebe Kursleitende,

mit dem **Intensivtrainer Lesen B1** erhalten Sie Informationen und authentisches Übungsmaterial zu unterschiedlichen Textsorten aus Alltag und Beruf. Der Intensivtrainer ist so konzipiert, dass man ihn sowohl alleine als auch in einem Deutschkurs benutzen kann.

In Kapitel A finden Sie einen **Selbsttest**, der Ihnen zum Einstieg hilft, Ihre Lesekompetenzen einzuschätzen. Der Selbsttest umfasst Aufgaben auf den Niveaus A1 bis B1. Wenn Sie die meisten Aufgaben lösen können, haben Sie eine gute Basis, um die weiteren Kapitel des Intensivtrainers erfolgreich bearbeiten zu können.

Die Kapitel in den Blöcken B bis J können sowohl nacheinander, als auch einzeln je nach Interesse bearbeitet werden. Sie finden im Inhaltsverzeichnis (S. 5) Informationen zu den einzelnen Kapiteln und den darin enthaltenen Textsorten.

Zur **Prüfungsvorbereitung** finden Sie in Block K Aufgaben, die an die Prüfungsaufgaben aus allgemeinsprachlichen Tests der Stufe B1 angelehnt sind.

Die Lösungen zu allen Aufgaben aus diesem Intensivtrainer finden Sie ab S. 90.

TIPP Außerdem enthält der Intensivtrainer Tipps, beispielsweise zur Verwendung bestimmter Wörter oder Textsorten.

Viel Erfolg wünschen Ihnen
Autorin, Redaktion und Ihr Ernst Klett Sprachen Verlag

So lernen Sie am besten

Mit dem Intensivtrainer üben Sie das Lesen und Verstehen unterschiedlicher Textsorten.

Folgende Strategien können Ihnen dabei und beim weiteren Lernen helfen:

- Je nach Textsorte oder Aufgabe bzw. Ziel sind vielleicht nur bestimmte Informationen interessant. Hier müssen Sie nicht den ganzen Text Wort für Wort lesen und verstehen, konzentrieren Sie sich stattdessen auf die Informationen, die Sie suchen, z. B. Informationen zu einem Termin (Datum / Uhrzeit?), eine Wegbeschreibung (Wie / Wo?), Informationen zu Vor-/Nachteilen eines Produkts (Was ist (nicht) so gut?).

- Bei anspruchsvolleren Texten (z. B. juristische Texte) haben Sie allgemein zwei Möglichkeiten, wie Sie vorgehen können:
  Sie können jedes Wort, das Sie nicht verstehen, nachschlagen, übersetzen und lernen. Auf diese Weise erweitern Sie Ihren Wortschatz, es ist aber zugleich ein sehr anspruchsvolles und zeitintensives Vorgehen. Sie werden viele der (Fach-)Wörter aus diesen Texten eventuell auch nicht oder nur selten wieder verwenden.
  Die Alternative ist, sich auf das zu konzentrieren, was für Sie bzw. zur Lösung der Aufgabe wichtig ist. Wortschatz oberhalb der Stufe B1 ist hierfür in der Regel nicht erforderlich, sodass Sie diese Wörter nicht verstehen müssen. Dieses Vorgehen ist vor allem in Prüfungen sinnvoll, in denen Sie nicht viel Zeit für das Lesen und Lösen der Aufgabe haben. Trainieren Sie daher auch gezielt, einfach weiterzulesen, wenn Sie ein Wort nicht verstanden haben.

- Bei der Bearbeitung und Lösung einer Prüfungsaufgabe ist es besonders wichtig, zuerst zu schauen, welche Informationen Sie benötigen. Lesen Sie daher zuerst die Aufgabe und die Antwortoptionen und erst danach den Lesetext. So wissen Sie beim Lesen, worauf Sie achten müssen bzw. was Sie „suchen“.

Inhalt

A Texte und Aufgaben auf der Stufe A1

1 Lesen Sie die Situationen und die Anzeigen. Welche Anzeige passt?

1. _________ Ihre Freunde möchten Urlaub in Deutschland machen. Sie möchten ihren Hund mitnehmen.

a) **Erholung in den Bergen!**

In unserem Hotel können Sie im Pool schwimmen, in der Natur wandern und in unserem Restaurant lecker essen!

Berghof im Süden von Österreich.
Weitere Informationen: www.hotelberghof.eu

c) **Ferienwohnungen am See**

Ruhige Häuser direkt am Drahmburger See. Ideal zur Erholung. Größe zwischen 20 und 80 qm, da ist für jeden etwas dabei. Haustiere sind willkommen.
Preise finden Sie unter: www.fewo-drahmburgersee.eu

b) **Ab in die Natur!**

Gruppenausflüge in die Berge oder ans Meer. Erholen Sie sich doch mal vom Alltag. Fahrt mit dem Bus, auch für Einzelpersonen und Paare. Aufenthalt zwischen einem und drei Tagen. Haustiere können leider nicht mitkommen.
www.busreisen-werner.eu

2. _________ Eine Freundin ist Kellnerin und sucht Arbeit.

a) **Arbeiten im Restaurant?**

Wir suchen zwei Auszubildende zum Kellner / zur Kellnerin in unserem Schweizer Restaurant. Zuverlässigkeit und Pünktlichkeit sind Voraussetzungen. Bewerbungen per E-Mail an ausbildung@schweizerhof.eu

c) **Verstärkung gesucht**

Nette Mitarbeiterinnen und Mitarbeiter gesucht: Zwei Kellnerinnen / Kellner und eine Küchenhilfe, alle Stellen auch in Teilzeit möglich.
Eine Ausbildung oder Erfahrung in dem Bereich ist Voraussetzung. Bewerbungen per E-Mail: jobs@kellerkinder-restaurant.eu

b) **Servicekräfte gesucht**

Für den Sommer suchen wir noch Küchenhilfen, gerne auch ohne Ausbildung. Aufgaben:
Obst und Gemüse putzen und schneiden, Geschirr, Töpfe und Pfannen spülen. Faire Bezahlung.
Einfach vorbeikommen: Restaurant Stadtwache, Am Rathausplatz 5, 09282 Güterburg

2 Lesen Sie den Text und die Sätze. Kreuzen Sie an: richtig oder falsch.

Kunstmuseum

Morgen eröffnet das neue Kunstmuseum in der Ritterstraße. Die Feier beginnt um 10 Uhr und alle Bürgerinnen und Bürger sowie Interessierte sind herzlich eingeladen. Der Besuch im Museum ist morgen kostenlos. Zur Eröffnung kommt auch der Bürgermeister.

	richtig	falsch
1. Das Museum gibt es schon lange.	○	○
2. Man kann morgen gratis ins Museum.	○	○
3. Die Feier beginnt am Nachmittag.	○	○

B Texte und Aufgaben auf der Stufe A2

1 Lesen Sie die E-Mails und lösen Sie die Aufgaben.

Betreff: Grüße

Hallo Robert und Olga,

wie geht es euch? Wir sind vor drei Tagen gut in Binz angekommen und haben auch schon einen langen Spaziergang am Strand gemacht. Das Wetter ist herrlich hier, die Luft ist toll und das Essen soooo lecker! Schade, dass ihr dieses Mal keine Zeit für gemeinsamen Urlaub hattet. Hoffentlich könnt ihr auch irgendwann mal hierher fahren und euch Binz und Rügen anschauen.

Nächstes Jahr verreisen wir aber wieder zusammen, okay? Ihr fehlt uns nämlich! Und wir hatten in den letzten Jahren ja immer viel Spaß in unserem Urlaub.

Wir melden uns, wenn wir wieder zu Hause sind. Hoffentlich habt ihr im Moment nicht so viel Stress bei der Arbeit!

Viele Grüße
Paula & Vitali

1. Robert und Olga
   - ◯ a) sind gerade auch im Urlaub.
   - ◯ b) müssen im Moment arbeiten.
   - ◯ c) sind vor ein paar Tagen aus Binz weggefahren.
2. Paula und Vitali
   - ◯ a) wollen den nächsten Urlaub wieder alleine machen.
   - ◯ b) sind im Moment am Meer.
   - ◯ c) müssen in Binz arbeiten.

Betreff: Unser Treffen

Hi Jasmine,

wir sind ja für morgen Nachmittag um 15:30 Uhr zum Kaffee verabredet. Aber leider habe ich nun morgen Nachmittag doch nicht frei, weil meine Kollegin krank geworden ist und ich Dienst habe. Ich habe versucht, meine Schicht zu tauschen, aber keiner konnte das machen. Tut mir leid, ich hatte mich so auf unser Treffen gefreut!

Ich habe dann erst wieder am übernächsten Samstag Zeit, weil ich bis Ende kommender Woche Nachtschicht habe, und das ist immer wahnsinnig anstrengend. Da kann ich tagsüber nicht so viel unternehmen. Passt dir der übernächste Samstag? Können wir uns dann treffen? Das wäre toll! Gibst du mir kurz Bescheid? Danke!

Liebe Grüße
Viola

3. Viola
   - ◯ a) ist krank geworden.
   - ◯ b) kann mit einer Kollegin die Schicht tauschen.
   - ◯ c) muss morgen arbeiten.
4. Viola
   - ◯ a) möchte sich am kommenden Wochenende treffen.
   - ◯ b) muss in der nächsten Woche nachts arbeiten.
   - ◯ c) hat nächste Woche tagsüber schon viele Termine.

2 Lesen Sie die Informationstafel und lösen Sie die Aufgaben.

Einkaufscenter Konsumrausch

3. OG	Fahrräder (Erwachsene) – Sportbekleidung (Hosen und Jacken) – Sportschuhe – Sportgeräte für zu Hause Kleinmöbel (Tische, Stühle) – Lampen – Teppiche – Vasen – Geschirr – Besteck – Tassen – Gläser Restaurant mit Ausblick, täglich 8–21 Uhr
2. OG	Damenbekleidung (Mäntel, Jacken, Pullover, Blusen, T-Shirts, Hosen, Kleider, Röcke) – Damenschuhe – Schmuck – Reparatur und Änderung von Schmuck Kunden-WC
1. OG	Kinderbekleidung (Pullover, Hosen, T-Shirts, Jacken, Mützen) – Babykleidung (Strampler) – Fahrräder für Kinder – Spielwaren Café, täglich von 9–18 Uhr
EG	Herrenbekleidung (Mäntel, Jacken, Hemden, Pullover, Hosen) – Herrenschuhe – Schreibwaren (Stifte, Papier, Briefumschläge) – Bastelmaterial – Schulhefte – Koffer und Taschen Information
UG	Musik (CDs, Schallplatten) – Hörbücher – DVDs – Musikinstrumente – Internet-Radios – Digitalkameras – Bücher und Zeitschriften – Fotoautomat für Passbilder Kunden-WC

1. Herr Molina möchte eine Gitarre kaufen.
   - ◯ a) 3. OG
   - ◯ b) EG
   - ◯ c) anderes Stockwerk
2. Frau Grass liest gerne und möchte einen Roman kaufen.
   - ◯ a) 2. OG
   - ◯ b) EG
   - ◯ c) anderes Stockwerk
3. Herr Svenson möchte nach dem Einkaufen noch etwas essen. Es ist 19 Uhr.
   - ◯ a) 2. OG
   - ◯ b) 1. OG
   - ◯ c) anderes Stockwerk
4. Frau Kaspar möchte einen Ring kleiner machen lassen.
   - ◯ a) 2. OG
   - ◯ b) UG
   - ◯ c) anderes Stockwerk
5. Herr Römer braucht neue Joggingschuhe.
   - ◯ a) 3. OG
   - ◯ b) EG
   - ◯ c) anderes Stockwerk
6. Katrin braucht neue Messer und Gabeln.
   - ◯ a) EG
   - ◯ b) UG
   - ◯ c) anderes Stockwerk

3 Lesen Sie die Situationen und die Anzeigen. Welche Anzeige passt zu welcher Situation? Zu einer Situation passt keine Anzeige. Notieren Sie dann X.

1. ____ Ein Bekannter möchte öfter ins Theater gehen und sucht eine günstige Möglichkeit.
2. ____ Eine Freundin möchte einen kurzen Urlaub machen. Sie liebt Theater.
3. ____ Freunde wollen für ein Wochenende wegfahren und auch etwas für ihre Gesundheit tun.
4. ____ Nachbarn von Ihnen möchten am Wochenende günstig nach Hamburg fahren.
5. ____ Ein Kollege möchte mit seinem 6-jährigen Neffen am Wochenende etwas unternehmen.

a)

www.kulturtipps-fuer-alle.eu

Neu für alle Kulturfreunde: Sie gehen gerne ins Theater?

Dann haben wir ein tolles Angebot:

Mit unserem Gutscheinheft *Theaterfreunde* sparen Sie viel Geld, denn es ist noch günstiger als unsere Abonnements! Gültig für alle Theater in Ihrer Stadt!

Sie haben noch Fragen oder möchten gleich ein Gutscheinheft bestellen? Dann melden Sie sich über das Kontaktformular.

b)

www.der-lernwald.eu

Und was machen <u>Sie</u> am Wochenende?

Besuchen Sie doch unseren neu eröffneten Lernwald.

Klein und Groß können hier mehr über Tiere und Pflanzen in Mitteleuropa erfahren.

Es gibt einen großen Park mit vielen Tieren – Sie können sogar bei der Fütterung zusehen!

Außerdem gibt es regelmäßig Wettbewerbe für die Kinder, zum Beispiel einen Malwettbewerb.

Wir freuen uns auf Ihren Besuch! Unsere Anlage ist geeignet für Kinder ab vier Jahren.

c)

www.tipps-fuers-wochenende.eu

Das Wochenende steht vor der Tür und Sie wissen noch nicht, was Sie unternehmen sollen?

Fahren Sie doch mit unserem bequemen Reisebus ins aufregende Berlin!

Lernen Sie die Hauptstadt Deutschlands bei einer Stadtrundfahrt kennen, schauen Sie sich am Abend gemeinsam eine Veranstaltung an (Theater, Comedy, Konzert) und genießen Sie am nächsten Tag Berliner Spezialitäten. Ein unvergessliches Erlebnis!

Prüfen Sie gleich unter *Termine*, wann die nächsten Fahrten stattfinden.

d)

www.urlaub-fuer-sie.eu

Sie brauchen Urlaub? Aber Sie möchten sich trotzdem bewegen und nicht zu Hause auf dem Sofa sitzen oder am Strand liegen? Dann kommen Sie doch in unser Wellness- und Sporthotel. Jetzt als Angebot: ein Wochenende zum Kennenlernen, zwei Tage inkl. Vollpension und Gesundheitsprogramm.

Gehen Sie in unserem Pool schwimmen, benutzen Sie unseren Fitnessraum oder nehmen Sie an einer Wanderung durch die Wälder teil. Und natürlich haben wir auch Tipps für eine gesunde Ernährung.

Buchen Sie am besten gleich.

C Texte und Aufgaben auf der Stufe A2/B1

1 Lesen Sie die E-Mail und lösen Sie die Aufgaben.

Betreff: Meine Bestellung

Liebe Frau Domröse,

letzte Woche habe ich in Ihrem Secondhand-Online-Shop einen Mantel bestellt. Als gestern schon das Paket kam, habe ich mich sehr über die schnelle Lieferung gefreut. Aber leider musste ich beim Auspacken feststellen, dass Sie mir den falschen Mantel geschickt haben! Ich wollte einen dunkelgrauen Mantel aus Schurwolle in Größe XL für 59,00 Euro, aber in dem Paket war ein blauer Mantel in Größe L. Können Sie mir bitte Bescheid geben, was ich tun soll? Kann ich den Mantel einfach zurücksenden? Und wer zahlt in dem Fall die Versandkosten? Natürlich würde ich auch gerne wissen, ob der dunkelgraue Mantel noch geliefert wird.

Könnten Sie mir bitte kurz antworten? Sie erreichen mich heute und morgen am besten per E-Mail, da ich den ganzen Tag Seminare habe. Übermorgen können Sie auch gerne anrufen: 0151 / 67193837. Vielen Dank im Voraus!

Beste Grüße
Carlo Tadic

	richtig	falsch
1. Herr Tadic möchte etwas verkaufen.	○	○
2. Der gelieferte Mantel hat die falsche Farbe.	○	○
3. Herr Tadic hat den Mantel schon zurückgeschickt.	○	○
4. Herr Tadic möchte den bestellten Mantel nicht mehr.	○	○
5. Frau Domröse soll Herrn Tadic heute anrufen.	○	○

2 Lesen Sie die E-Mail und entscheiden Sie bei jeder Lücke, welche Lösung am besten passt: a, b oder c.

Betreff: Ihre Rechnung GK-2657

Sehr (0) __b__ Frau Wysgotski,

vor zwei Monaten hatten wir Ihnen einen neuen Kühlschrank zum Preis von 179,00 € geliefert. Die Rechnung dazu haben Sie am selben Tag per E-Mail erhalten.

(1) _____ Sie unseren Express-Lieferservice genutzt haben, wurde ein Aufschlag von 29,99 Euro berechnet. Leider haben Sie bis heute nur 179,00 Euro überwiesen, sodass Ihr Kundenkonto noch mit 29,99 Euro im Minus ist.
(2) _____ möchten wir Sie noch einmal an die Überweisung des Express-Zuschlags erinnern. Vielleicht haben Sie es nur vergessen, (3) _____ Sie viel zu tun hatten? Sie können den Betrag auch per Online-Überweisung zahlen, (4) _____ Sie möchten. Weitere Informationen hierzu finden Sie in Ihrem Kundenkonto.

Haben Sie noch Fragen? (5) _____ können Sie uns auch gerne anrufen oder eine E-Mail schicken.

Mit freundlichen Grüßen
Carola Stein
Kundenservice

0.	1.	2.	3.	4.	5.
○ a) freundliche	○ a) Bevor	○ a) Dennoch	○ a) damit	○ a) obwohl	○ a) Dabei
⊗ b) geehrte	○ b) Da	○ b) Deshalb	○ b) sodass	○ b) wann	○ b) Dann
○ c) liebe	○ c) Obwohl	○ c) Trotzdem	○ c) weil	○ c) wenn	○ c) Daher

D Texte und Aufgaben auf der Stufe B1

1 Lesen Sie die Anzeige und lösen Sie die Aufgaben.

Sprachschule IHS

Sie möchten eine neue Sprache lernen? Dann sind Sie bei uns richtig! Wir bieten Sprachkurse zu 25 verschiedenen Sprachen an, auf fast jedem Niveau. Da ist bestimmt auch für Sie das Richtige dabei! Intensivkurse, die jeden Tag stattfinden, haben wir ebenso im Angebot wie Wochenendkurse oder Kompaktkurse, z. B. in den Schulferien. Unsere Lehrkräfte haben viele Jahre Erfahrung und sorgen dafür, dass Sie mit Spaß dabei sind und Freude am Lernen haben. Kommen Sie vorbei oder informieren Sie sich im Internet, dort finden Sie neben Kurzbiografien unserer Lehrkräfte auch einen kostenpflichtigen Einstufungstest für Englisch, Französisch, Italienisch, Spanisch und Deutsch. Weitere Einstufungstests können Sie bei den jeweiligen Lehrkräften machen.

1. In dem Text
   - ◯ a) geht es um das Jubiläum einer Sprachschule.
   - ◯ b) schreiben Lehrkräfte von ihren Erfahrungen an einer Sprachschule.
   - ◯ c) wird das Angebot einer Sprachschule vorgestellt.
2. Sie können auf der Webseite
   - ◯ a) Informationen zu allen Lehrkräften finden.
   - ◯ b) gratis einen Test machen.
   - ◯ c) mit den Lehrkräften chatten.

2 Lesen Sie die Packungsbeilage und lösen Sie die Aufgaben.

IbuRapid – Packungsbeilage

1. Was ist IbuRapid und wofür wird es angewendet?
IbuRapid ist ein entzündungshemmendes und schmerzstillendes Arzneimittel, das angewendet wird bei leichten bis mäßigen Schmerzen (z. B. Kopfschmerzen) oder Fieber.

2. Was müssen Sie vor der Einnahme von IbuRapid beachten?
IbuRapid darf in folgenden Fällen nicht eingenommen werden:
- wenn Sie allergisch gegenüber einem Bestandteil sind,
- in der Schwangerschaft,
- von Kindern unter 12 Jahren.

3. Wie ist IbuRapid einzunehmen?
Nehmen Sie IbuRapid immer so ein, wie es in dieser Packungsbeilage beschrieben wird. Nehmen Sie IbuRapid ohne ärztlichen Rat nicht länger als 3 Tage ein. Falls vom Arzt nicht anders verordnet, ist die Einzeldosis für Kinder zwischen 10 und 14 Jahren ½ Filmtablette, für Jugendliche ab 14 Jahren und Erwachsene 1 Filmtablette. Pro Tag dürfen Kinder bis 14 Jahren nicht mehr als 1 Filmtablette einnehmen, Jugendliche und Erwachsene nicht mehr als 3 Filmtabletten. Nehmen Sie die Filmtabletten unzerkaut mit einem Glas Wasser während einer Mahlzeit ein.

4. Welche Nebenwirkungen sind möglich?
Sehr selten: Herzklopfen
Selten: Schwindel, leichte Übelkeit

	richtig	falsch
1. Schwangere dürfen die Tabletten auch einnehmen.	◯	◯
2. Ein 13-jähriges Kind darf höchstens eine Tablette am Tag einnehmen.	◯	◯
3. Man soll die Tabletten vor dem Essen einnehmen.	◯	◯
4. Es kann passieren, dass einem nach der Einnahme etwas schlecht wird.	◯	◯

1 Wo bin ich? Orientierung in einer Stadt.

1 Einen Stadtplan richtig lesen.

TIPP In Stadtplänen finden Sie häufig Symbole wie diese:

 = Bibliothek  = Sehenswürdigkeit 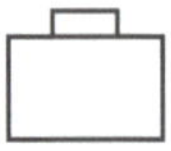 = Kaufhaus  = Kirche

 = Parkplatz/-haus  = Polizei  = Supermarkt  = Theater

a Schauen Sie sich den Stadtplan an und lesen Sie die Beschreibungen. Was wird beschrieben?

1. Gehen Sie die Mönckebergstraße immer geradeaus und überqueren Sie am Ende den Steintorwall, dann sind Sie schon da.
   - ☒ a) Hauptbahnhof
   - ○ b) Rathausplatz
2. Gehen Sie den Ballindamm entlang und dann am Jungfernstieg vorbei, dann noch ein paar Meter weiter geradeaus und Sie sind da.
   - ○ a) Rathausmarkt
   - ○ b) Theater
3. Wenn Sie am Alstertor sind, müssen Sie einfach geradeaus gehen, am Theater vorbei und dann rechts sehen Sie es schon.
   - ○ a) Kaufhaus
   - ○ b) Parkhaus

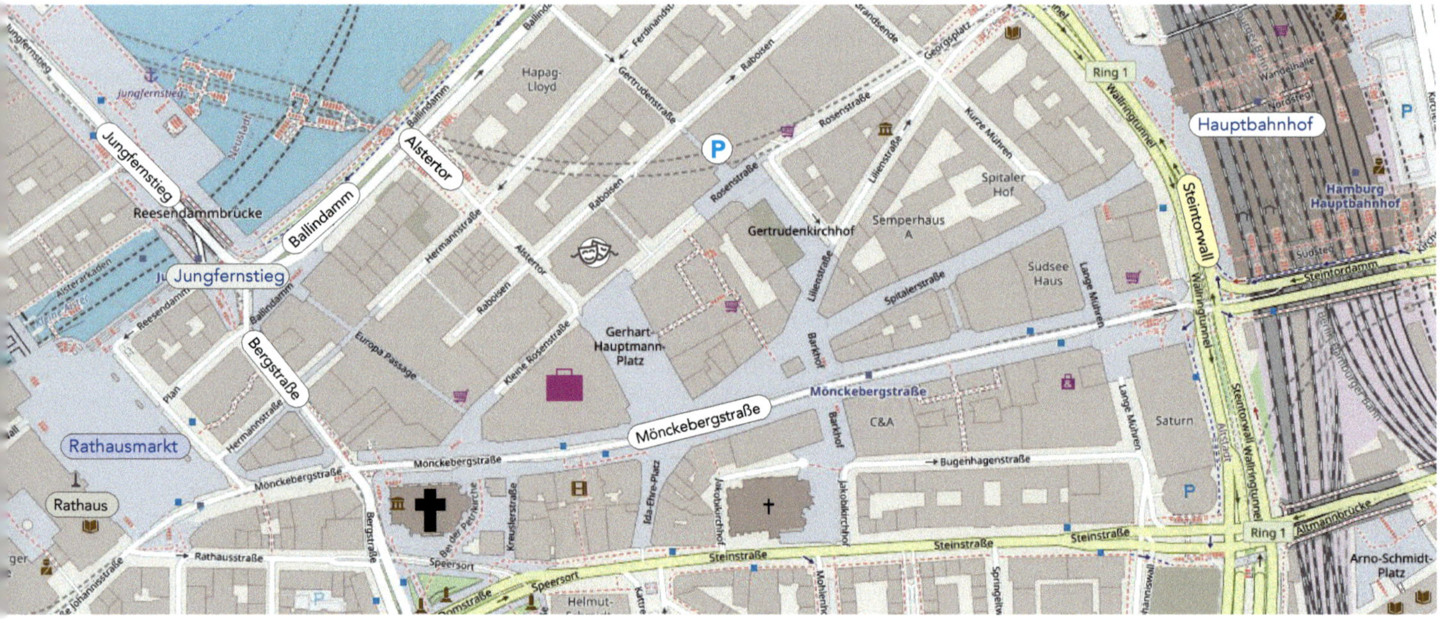

© OpenStreetMap-Mitwirkende (www.openstreetmap.org/copyright)

b Lesen Sie die Informationen und schreiben Sie auf, wo Sie ankommen.

1. **Start:** Hauptbahnhof → **Ziel:** *Rathausmarkt*

Gehen Sie die Mönckebergstraße geradeaus bis zum Rathaus, dann sehen Sie rechts den Platz, den Sie suchen.

2. **Start:** Jungfernstieg → **Ziel:** ______________________

Gehen Sie am besten die Bergstraße geradeaus bis zur Kreuzung, an der eine Kirche ist, und biegen da links ab. Dann immer geradeaus und Sie kommen ans Ziel.

3. **Start:** Rathaus → **Ziel:** ______________________

Gehen Sie die Mönckebergstraße geradeaus bis Sie links das Kaufhaus sehen, dann biegen Sie links ab. Vor dem Theater gehen Sie rechts. Dann sehen Sie auf der linken Seite schon Ihr Ziel.

2 Sehenswürdigkeiten

1 Welche Beschreibung passt zu den Sehenswürdigkeiten? Ordnen Sie zu.

1

2

3

4

_1_ a) Die Kirche Sankt Michaelis heißt bei den meisten Menschen nur „Michel". Der Hamburger „Michel" ist das Wahrzeichen der Hansestadt Hamburg und von weitem gut zu sehen. Man kann auf eine Aussichtsplattform im Michel steigen, von dort hat man eine tolle Aussicht auf den Hafen.

____ b) Der Berliner Dom ist die größte Kirche Berlins und wurde in den Jahren 1896 bis 1905 erbaut. Das eindrucksvolle Gebäude mit der riesigen Kuppel ist 116 Meter hoch und steht auf der Museumsinsel. Der Haupteingang des Doms liegt in Richtung einer Gartenanlage.

____ c) Der Berliner Alexanderplatz oder kurz „Alex" ist immer im Umbau. Wo früher Wohngebäude standen, gibt es jetzt Geschäfte wie das Einkaufszentrum „Alexa". Weitere Wohn- und Geschäftshäuser befinden sich noch im Bau. Das Wahrzeichen des Alexanderplatzes ist der bekannte 368 Meter hohe Fernsehturm.

____ d) Die Frauenkirche gilt zu Recht als eines der Wahrzeichen Münchens. Die beiden zwiebelförmigen Kuppeln der Türme überragen die meisten anderen Gebäude der Altstadt und sind schon von weitem gut zu sehen.

2 Lesen Sie den Text und lösen Sie die Aufgaben.

Zoologischer Garten Berlin

Willkommen im Berliner Zoo! Bei uns können Sie auf einer Fläche von 350 000 Quadratmetern mehr als 1500 unterschiedliche Tierarten sehen, insgesamt leben mehr als 20 000 Tiere bei uns.

Der Berliner Zoo ist heute der älteste Zoo Deutschlands und wurde im Jahre 1844 eröffnet. In den letzten Jahrzehnten lebten im Zoologischen Garten Berlin viele Tiere, die auch über die Grenzen der Stadt bekannt wurden. Beispielsweise wurde 2006 der Eisbär Knut im Zoologischen Garten geboren, der schnell berühmt wurde. Leider starb Knut im Jahr 2011 überraschend an einer Entzündung des Gehirns.

Von 1979 bis 2012 lebte außerdem der Pandabär Bao Bao im Berliner Zoo. Auch der Panda war eine Berühmtheit und viele Besucher sind extra gekommen, um den Bären zu sehen.

	richtig	falsch
1. Der Zoo ist über 300 000 m^2 groß.	○	○
2. Im Berliner Zoo leben 1500 Tiere.	○	○
3. Man kann jetzt im Zoo den Eisbären „Knut" sehen.	○	○
4. Manche Leute waren nur im Zoo, weil sie ein bestimmtes Tier sehen wollten.	○	○

3 Werbebroschüren

1 Lesen Sie die Prospekte und die Situationen. Wo kaufen Sie ein?

Wochenprospekt Kaufburg

Leckere Pralinen, dunkle Schokolade, nur **4,99 €**. Enthalten Alkohol!

Handtücher, Badetücher und Strandtücher aus Bio-Baumwolle, ab **6,49 €**

Hochwertige, schicke Sonnenbrillen für Damen und Herren, schon ab **14,99 €**

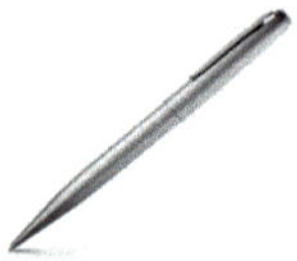

Schreiben ist wieder „in" – Kugelschreiber (wahlweise blaue oder schwarze Mine) für nur **5,99 €**

Kardorf – Unsere aktuellen Angebote

Baumwollbettwäsche, Maße: 135 x 200 cm (Decke) und 40 x 80 cm (Kissen), jetzt nur **29,99 €** statt ~~49,99~~ €

Zum Schulanfang oder einfach zum Malen: **Buntstifte in 10 Farben,** **2,99 €**

Modische Accessoires nicht nur für Erwachsene: Sonnenbrillen für Kinder ab **11,99 €**

Feine Schokobonbons, Milchschokolade mit Karamellfüllung, 2 Tüten für **2,49 €**.

	Kaufburg	Kardorf
1. Sie brauchen neue Kulis, um Briefe zu schreiben.	○	○
2. Ihr 9-jähriger Neffe möchte eine Sonnenbrille.	○	○
3. Sie brauchen Bezüge für Kopfkissen.	○	○
4. Sie möchten für Ihre 6-jährige Nichte etwas Süßes zur Einschulung kaufen.	○	○

2 Lesen Sie die Werbebroschüre eines Malers und ordnen Sie die Überschriften zu. Nicht alle Überschriften passen.

[Kontakt • Kundenstimmen • Über uns • Unser Angebot • Wegbeschreibung]

1. ______________________

Wir sind ein Familienbetrieb in der dritten Generation. Bei uns finden Sie zuverlässige Mitarbeiter und hochwertige Materialien. Wir sind Spezialisten für Malerarbeiten im Außenbereich.

2. ______________________

Jeder Auftrag ist anders. Sprechen Sie uns an und wir machen Ihnen ein individuelles Angebot. Bitte bedenken Sie, dass wir je nach Umfang des Auftrags bis zu acht Wochen im Voraus planen müssen.

3. ______________________

„Tolle Firma. Alles wie besprochen und es sieht super aus!" – Lisa F.
„Neuanstrich unserer Stadtteilbibliothek pünktlich und hochwertig ausgeführt. Wir sind sehr zufrieden." – Bernd N.

4 Speisekarten

1 Lesen Sie die Speisekarte. Ergänzen Sie ein „v“ bei vegetarischen Gerichten.

Da Vinci Mediterran genießen – Mittagskarte –

M1	hausgemachte Tomatensuppe mit Croutons und feinen Kräutern	v	M6	gegrilltes Gemüse mit Schafskäse überbacken, dazu Kartoffelecken	___
M2	großer gemischter Salat mit gegrillter Hähnchenbrust	___	M7	gegrillter Lachs mit gemischtem Salat und Ofenkartoffel	___
M3	frische Pasta in einer Soße aus Tomaten, Paprika und Oliven	___	M8	hausgemachte Frikadellen (Rind) mit Minz-Joghurt-Dip und Salat	___
M4	frische Pasta mit Speck, Sahnesoße und Parmesan	___	M9	Eintopf mit Tomaten, Zwiebeln, weißen Bohnen und Lamm	___
M5	Koteletts in Weißweinsoße mit Kartoffeln und Gemüse	___	M10	Risotto mit Waldpilzen, Kräutern und Trüffelöl	___

2 Lesen Sie, was die fünf Personen über ihre Lieblingsessen schreiben. Notieren Sie, welches Gericht aus der Speisekarte passt.

Mahmud M1

Ich liebe Gemüse, also, wirklich jedes Gemüse! Besonders gerne mag ich Tomaten – als Salat, in Soßen oder gegrillt. Am allerbesten schmecken sie mir als Suppe, das könnte ich jeden Tag essen!

Zahra ___

Meine Lieblingsgerichte sind Nudelgerichte – da esse ich fast alles. Eine Ausnahme gibt es aber, und zwar vertrage ich keinen Käse. Das ist natürlich gerade bei Nudelgerichten schwierig, aber ich habe bislang immer etwas Leckeres gefunden.

Paolo ___

Bei mir gibt es oft Suppen und Eintöpfe. Die kann man leicht kochen und auch gut ein paar Tage aufbewahren. Ich denke da eher praktisch. Und ich mag es gerne deftig, mit Fleisch, Gemüse und am liebsten auch mit Zwiebeln. Das ist genau mein Ding.

Pamela ___

Viele Leute verzichten ja aus gesundheitlichen oder ethischen Gründen auf Fleisch oder sogar komplett auf tierische Produkte, aber ich könnte das nicht. Ich esse gerne Fleisch, am liebsten mit Salat dazu und einer leckeren Soße. Nur Alkohol vertrage ich nicht, der darf nicht in der Soße sein.

Ingo ___

Am liebsten esse ich etwas ohne Fleisch, aber gerne mit Gemüse oder Salat. Ich esse auch gerne mal Fisch. Wichtig ist für mich, dass das Gericht nicht so fettig ist - Öl und Käse sollte also nicht darin sein. Ach so, und Nudeln mag ich auch nicht, lieber eine andere Beilage.

5 Aushänge

1 Das Bürgerbüro wird renoviert. Die Mitarbeiter sind deshalb vorübergehend in anderen Büros.

a Lesen Sie den Aushang und die Situationen. Wohin müssen Sie gehen?

Wegen Renovierungsarbeiten gelten bis Ende des Jahres geänderte Öffnungszeiten!
Mo–Do 8–14 Uhr, Fr 8–12 Uhr (Ausnahmen s.u.). Wir bitten um Verständnis. Sie finden unsere Mitarbeiter hier:

Bereich	Mitarbeiter	Raum	Hinweise
Abholung Ausweisdokumente	Frau Haas	UG 109	nur Mo–Do 8–12 h
Anmeldungen / Ummeldungen (Fahrzeuge)	Herr Schulz	1. OG 606	
Anmeldungen / Ummeldungen (Personen)	Herr Timm	EG 170	
Beantragung Ausweisdokumente	Frau Wagner	UG 190	nur Mo–Fr 9–14 h
Beglaubigungen von Dokumenten	Frau Olsen	EG 017	
Führerschein (Umtausch, Ersatz)	Herr Ahlert	2. OG 116	

TIPP In Gebäuden finden Sie oft diese Abkürzungen für die Stockwerke:
UG = Untergeschoss EG = Erdgeschoss OG = Obergeschoss

1. Sie wollen einen neuen Reisepass abholen. Sie können ...
   - ○ a) Freitag um 10 Uhr zu Frau Haas in Büro 109 im Erdgeschoss gehen.
   - ○ b) Freitag um 10 Uhr zu Frau Wagner gehen. Ihr Büro ist im Untergeschoss, Raum 190.
   - ○ c) Donnerstag um 9 Uhr zu Frau Haas gehen. Sie ist im Untergeschoss in Raum 109.
2. Sie haben ein neues Auto und wollen es anmelden. Sie können ...
   - ○ a) jeden Tag um 8 Uhr zu Herrn Ahlert im 2. Stockwerk, Raum 116, gehen.
   - ○ b) Mittwoch um 12 Uhr zu Herrn Schulz gehen, er ist in Raum 606 im 1. Stock.
   - ○ c) Freitag um 14 Uhr zu Herrn Schulz in Raum 606 im Untergeschoss gehen.
3. Sie müssen für eine Bewerbung ein Zeugnis beglaubigen lassen. Sie können ...
   - ○ a) Mittwoch um 9 Uhr zu Herrn Ahlert im 2. Obergeschoss gehen.
   - ○ b) jeden Tag um 13 Uhr zu Frau Wagner im Untergeschoss gehen.
   - ○ c) jeden Tag um 9 Uhr zu Frau Olsen in Raum EG 017 gehen.

b Sie finden an der Tür zu Raum UG 109 einen weiteren Aushang. Lösen Sie die Aufgaben.

Wegen Krankheit heute nicht besetzt.
Wenden Sie sich bitte in dringenden Fällen an Frau Olsen in Raum EG 017, die Ihnen die Ausweisdokumente aushändigen kann.
Sprechzeiten heute: 8–13 Uhr

	richtig	falsch
1. Der zuständige Mitarbeiter ist heute nicht im Büro.	○	○
2. Man kann heute nichts abholen.	○	○
3. Frau Olsen ist heute im Büro UG 109.	○	○

2 Lesen Sie den Aushang in einem Mietshaus und lösen Sie die Aufgaben.

Arbeiten an den Wasserleitungen

Sehr geehrte Damen und Herren,

in den kommenden Wochen müssen die Wasserleitungen repariert werden. Einige Leitungen sollen auch ausgetauscht werden. Aus diesem Grund müssen wir vom 1. bis 5. September im gesamten Haus das Wasser abstellen, jeweils von 10 bis 17 Uhr.

In dieser Zeit können Sie auch die Toiletten in Ihren Wohnungen nicht benutzen und kein Wasser in den Abfluss gießen. Wir bitten um Verständnis. Vor dem Haus werden zwei mobile Toiletten aufgestellt, die Sie benutzen können.

Der Hausmeister, Herr Jakob, steht Ihnen für weitere Fragen zur Verfügung.

Mit freundlichen Grüßen
Jürgen Geiz
(Vermieter)

	richtig	falsch
1. Die Leitungen werden im August repariert.	○	○
2. Es werden auch neue Leitungen eingebaut.	○	○
3. Es gibt vom 1. bis 5. September den ganzen Tag kein Wasser.	○	○
4. Wenn man mehr Informationen möchte, soll man den Hausmeister fragen.	○	○

3 Lesen Sie die E-Mail von Herrn Schmidt an den Vermieter und ergänzen Sie die passenden Wörter.

[~~gestern~~ • wenn • weil • deshalb • obwohl • dass]

Von: Hans Schmidt <h.schmidt1498@maildings.de>
An: Jürgen Geiz <j.geiz@miethaie.com>
Betreff: Arbeiten an Wasserleitungen

Sehr geehrter Herr Geiz,

ich habe (1) *gestern* den Aushang in unserem Treppenhaus gesehen und versucht, Sie anzurufen. Leider konnte ich Sie telefonisch nicht erreichen, (2) ____________ schreibe ich jetzt diese E-Mail.

In dem Aushang steht, (3) ____________ wir unsere Toiletten nicht benutzen können, (4) ____________ an den Leitungen gearbeitet wird. Das ist unglaublich! Ich bin 94 Jahre alt und brauche einen Rollator. Wie soll ich damit in diese Toiletten vor dem Haus kommen?

Und überhaupt: Kommen wieder diese günstigen „Handwerker", (5) ____________ Sie Geld sparen wollen? Das hat schon letztes Jahr bei der Reparatur der Heizung nicht gut geklappt. Und die Miete steigt immer weiter, (6) ____________ wir so viele Probleme im Haus haben. Vielleicht ziehe ich doch noch um!

Mit verärgerten Grüßen
Hans Schmidt

6 Kurze Texte in Reiseführern

1 Sich über Sehenswürdigkeiten informieren

a Ordnen Sie die Bildunterschriften zu.

~~Reichstag in Berlin~~ • Wiener Spezialitäten • Trachten in Bayern • Das Frankfurter Bankenviertel • Alpenpanorama • Hamburger Hafen • Der Kölner Dom • Landschaftspark Duisburg-Nord (LaPaDu)

TIPP **die Tracht, -en:** Besondere Kleidung, die zu traditionellen Festen getragen wird. Unterschiedliche Regionen können unterschiedliche Trachten haben.

1. Reichstag in Berlin

2. ____________

3. ____________

4. ____________

5. ____________

6. ____________

7. ____________

8. ____________

b Lesen Sie die Aussagen und kreuzen Sie an: Was ist richtig, was ist falsch?

	richtig	falsch
1. Bildunterschriften sind meist ganze Sätze.	◯	◯
2. In Bildunterschriften werden nicht immer Artikel benutzt.	◯	◯
3. Man nennt in einer Bildunterschrift auch Details.	◯	◯
4. In Bildunterschriften findet man meist nur Stichpunkte, keine Sätze.	◯	◯
5. Bildunterschriften nennen nur das Wichtigste.	◯	◯

c Welcher Text ist als Bildunterschrift besser geeignet? Lesen Sie und kreuzen Sie an .

◯ 1. Das ist das Brandenburger Tor mit der Quadriga ganz oben, die schon von weitem gut zu sehen ist.

◯ 2. Das Brandenburger Tor in Berlin

d Was ist was? Ordnen Sie die Wörter den passenden Erklärungen zu.

[~~das Boot, -e~~ • das Wahrzeichen, - • der Plenarsaal, -säle • die Kuppel,-n • die Metropole, -n • die Silhouette, -n • die Gotik • prägen • sich befinden]

1. *das Boot, -e* ____ Es ist klein und man fährt damit auf dem Wasser. Wenn es größer ist, heißt es „Schiff".
2. ____ ein formelles Verb für „sein", wenn man sagen will, wo etwas ist: die Kirche … (= ist) am Marktplatz
3. ____ der Name einer bestimmten Zeit (= Epoche) im Mittealter, von ca. 1250 bis 1500
4. ____ Dieses Verb bedeutet, dass etwas das Aussehen einer Stadt oder Region stark bestimmt: Der Dom ... das Stadtbild.
5. ____ daran erkennt man eine Stadt oder Region sofort (oft ein bekanntes Gebäude oder auch ein Symbol)
6. ____ Dieses Wort bedeutet, dass man nur die Umrisse (= den Außenrand) von etwas sieht.
7. ____ Mit diesem Wort bezeichnet man ein Dach, das wie eine halbe Kugel aussieht.
8. ____ ein anderes Wort für eine (sehr) große Stadt, meist ab 1 Million Einwohner
9. ____ Das ist der Saal (= großer Raum), in dem die Politiker des deutschen Bundestags ihre Sitzungen haben.

e Lesen Sie die Textausschnitte und ordnen Sie zu: Zu welchen Fotos in Aufgabe 1a (S. 18) passen die Texte?

		Bild
1.	Von der Kuppel aus kann man nicht nur den Plenarsaal des Bundestags überblicken, sondern hat auch eine gute Aussicht auf die ganze Stadt.	*1*
2.	In dem ehemaligen Stahlwerk finden regelmäßig Ausstellungen und andere kulturelle Veranstaltungen statt.	____
3.	Die beeindruckende Berglandschaft zieht Naturliebhaber und Wintersportler an.	____
4.	Die Kirche ist das Wahrzeichen der Stadt und wurde im Stil der Gotik erbaut. Sie befindet sich in unmittelbarer Nähe des Hauptbahnhofs.	____
5.	Man kann hier die unterschiedlichsten Schiffstypen sehen: von kleinen Ruderbooten bis zu riesigen Kreuzfahrtschiffen.	____
6.	Die Silhouette der hohen Gebäude ist bereits von weitem zu sehen und prägt das Bild der Mainmetropole.	____
7.	Berühmt ist das Wiener Schnitzel, das nach der österreichischen Hauptstadt benannt ist, aber auch die Sachertorte.	____
8.	Vor allem bei Feiern und Festen wird die traditionelle Kleidung auch heute noch getragen.	____

7 Hinweisschilder

1 Welche Begriffe passen zu den Piktogrammen? Ergänzen Sie.

~~Feuerlöscher~~ • Aufzug • Essen und Trinken verboten • Fahrradstraße • Mobiltelefone verboten • Notausgang • Rolltreppe • Treffpunkt • Werkzeug

a) Feuerlöscher

b) ______________

c) ______________

d) ______________

e) ______________

f) ______________

g) ______________

h) ______________

i) ______________

2 Was ist eine Fahrradstraße? Lesen Sie den Text und lösen Sie die Aufgaben.

Was ist eigentlich eine Fahrradstraße?

Immer wieder erreichen uns Fragen von Autofahrerinnen und Autofahrern dazu, was eine Fahrradstraße genau ist. Vor allem, wenn sie Ihren Führerschein schon länger haben, kennen sie die entsprechenden Schilder und deren Bedeutung vielleicht nicht, denn das Schild für Fahrradstraßen gibt es in Deutschland erst seit 1997 und bis diese Schilder aufgestellt wurden, dauerte es noch eine ganze Weile. Bei einer Fahrradstraße handelt es sich um eine Straße bzw. Fahrbahn, auf der nur Radfahrer fahren dürfen. Manchmal gibt es Ausnahmen, wie zum Beispiel Inlineskater oder Lieferfahrzeuge – dann müssen aber dafür auch Schilder vorhanden sein. Egal ob Fahrrad oder ausnahmsweise Inlineskater oder Auto, in einer Fahrradstraße dürfen alle höchstens 30 km/h fahren. Und Fahrradfahrer haben Vorrang. Sie dürfen auch immer nebeneinander fahren, was auf einer normalen Straße für Autos nur gestattet ist, wenn man keine Autos behindert.

	richtig	falsch
1. Alle Autofahrer in Deutschland kennen Fahrradstraßen.	○	○
2. In Fahrradstraßen dürfen Autos nur fahren, wenn es dafür ein Schild gibt.	○	○
3. Mit einem Fahrrad kann man so schnell fahren, wie man möchte.	○	○

8 Hinweise und kurze Mitteilungen

1 Wichtige Informationen verstehen.

a Welche Wörter fehlen in den Textausschnitten? Ergänzen Sie.

~~Vorschriften~~ • Ausgang • Fahrräder • Handys • Lastenaufzug • Speisen und Getränke • Treffpunkte • Werkzeugschränke

1. Feuerlöscher befinden sich auf jeder Etage. Sie sind am Standard-Symbol erkennbar und im Falle eines Brands gemäß den _Vorschriften_ und Anweisungen zu verwenden.

2. In einem Notfall sind alle Mitarbeiterinnen und Mitarbeiter angehalten, unverzüglich den nächstgelegenen __________ aufzusuchen. Sie erkennen diesen an den folgenden Symbolen:

3. Wir möchten aus aktuellem Anlass nochmals darauf hinweisen, dass in einigen Laborräumen die Benutzung von __________ nicht gestattet ist. Achten Sie bitte auf die entsprechenden Schilder.

4. Wir haben in unseren Bürogebäuden zentral gelegene __________ für Teams, Besuchergruppen etc. eingerichtet und diese mit einem Symbol gekennzeichnet.

5. In jedem unserer Gebäude befinden sich __________ für kleinere Reparaturen, die wir mit entsprechenden Symbolen gekennzeichnet haben.

6. Wichtige Information für unsere Auslieferer: In unserem Einzugsgebiet gibt es jetzt Straßen, auf denen __________ Vorfahrt haben. Beachten Sie dies unbedingt! Sie erkennen diese Bereiche an folgenden Schildern:

7. In unserem Firmengebäude wurde ein neuer __________ eingebaut, der aufgrund der baulichen Gegebenheiten etwas versteckt im hinteren Bereich ist. Sie finden ihn aber, wenn Sie diesem Symbol folgen:

8. **In unserem Kindermuseum dürfen __________ verzehrt werden – außer in den Räumen mit besonderen Ausstellungsstücken, dort finden Sie dann an den Wänden auch entsprechende Schilder. Wir bitten Eltern bzw. Begleitpersonen, darauf zu achten. Vielen Dank!**

b Ordnen Sie die Piktogramme aus Aufgabe 1a (S. 20) den kurzen Texten zu.

1. _a_ 2. ____ 3. ____ 4. ____ 5. ____ 6. ____ 7. ____ 8. ____

9 Längere Texte in Reiseführern

1 Deutsche Weihnachtsmärkte

a Was denken Sie: Was ist ein Weihnachtsmarkt? Lesen Sie und kreuzen Sie an.

◯ 1. Auf einem Weihnachtsmarkt kann man alles kaufen, was man für das Weihnachtsfest braucht: von Geschenkpapier über Kerzen bis zum Festessen für den Weihnachtstag.

◯ 2. Auf jedem Weihnachtsmarkt gibt es ein anderes Angebot, aber fast immer gibt es Stände für Speisen und Getränke. Außerdem kann man oft von Hand gemachte Sachen kaufen, aber auch Bonbons, Hausschuhe oder Mützen und Schals.

b Lesen Sie den Textanfang. Ist Ihre Vermutung aus a richtig?

Weihnachtsmärkte in Deutschland

Es gibt in Deutschland (fast) so viele Weihnachtsmärkte, wie es Städte gibt – und jede Stadt ist stolz auf ihren eigenen Weihnachtsmarkt, auch wenn nicht überall Produkte aus der Stadt verkauft werden. Aber jeder Weihnachtsmarkt ist von Stadt zu Stadt anders, auch wenn es auf den meisten Weihnachtsmärkten eines immer gibt: genug zu essen und zu trinken.

c Lesen Sie den Text und lösen Sie die Aufgaben.

Einer der bekanntesten Weihnachtsmärkte ist der Dresdner Striezelmarkt, den es schon seit 1434 gibt. Der Name kommt übrigens von einer regionalen Bezeichnung („Striezel") für den bekannten „Stollen", eine Art Kuchen, der besonders in der Vorweihnachtszeit beliebt ist. Dresdner Christstollen kann man natürlich auch heute noch auf dem Striezelmarkt kaufen.

Auch der Nürnberger Christkindlesmarkt ist weltweit bekannt und zieht jährlich zahlreiche Besucher an. Man weiß nicht genau, seit wann es diesen Markt gibt, auf dem auch heute noch viele Produkte aus der Stadt angeboten werden – natürlich auch die bekannten Nürnberger Rostbratwürstchen.

Der Frankfurter Weihnachtsmarkt, der auch im Foto zu sehen ist, wurde 1393 zum ersten Mal erwähnt. Heute ist er einer der größten Weihnachtsmärkte in Deutschland und die Stände sind auf mehreren Straßen und Plätzen der Innenstadt verteilt. Neben den kulinarischen Angeboten werden viele Weihnachtsartikel wie Christbaumschmuck verkauft.

1. „Striezel" ist
   ◯ a) ein anderes Wort für „Stollen".
   ◯ b) eine besondere Art von Stollen.
   ◯ c) ein Stollen, den es nur in Dresden gibt.
2. Der Nürnberger Weihnachtsmarkt
   ◯ a) bietet vor allem Speisen an.
   ◯ b) ist nur in Deutschland bekannt.
   ◯ c) bietet viele Produkte aus Nürnberg an.
3. In Frankfurt
   ◯ a) ist der Weihnachtsmarkt auf einem zentralen Platz.
   ◯ b) kann man viel Dekoration kaufen.
   ◯ c) gibt es den größten Weihnachtsmarkt in Deutschland.
4. Alle Weihnachtsmärkte
   ◯ a) sind in jeder Stadt etwas anders.
   ◯ b) bieten regionale Produkte an.
   ◯ c) gibt es schon seit vielen hundert Jahren.

2 Lesen Sie den Text über den Viktualienmarkt in München. Was passt in die Lücken? Ergänzen Sie.

[Ab • also • außer • Da • ~~daher~~ • danach • Heute • und • Während • weil • wo]

Der Viktualienmarkt in München

Der Name „Viktualienmarkt" kommt von einer alten Bezeichnung für „Lebensmittel" (= „Viktualien"), (1) ___daher___ ist der Viktualienmarkt ein Markt für Lebensmittel.
Der Viktualienmarkt ist täglich (2) ____________ an Sonn- und Feiertagen geöffnet. (3) ____________ ein Markt in Deutschland normalerweise aus Ständen besteht, die für den Markt aufgebaut und (4) ____________ wieder abgebaut werden, handelt es sich beim Viktualienmarkt um einen Markt mit sogenannten festen Ständen – die Stände sind (5) ____________ immer aufgebaut.
Der Viktualienmarkt befindet sich bereits seit Beginn des 19. Jahrhunderts dort, (6) ____________ er auch heute noch zu finden ist.
(7) ____________ der Viktualienmarkt während des zweiten Weltkriegs stark beschädigt worden war, gab es kurzzeitige Überlegungen, den Markt ganz abzureißen und dort Wohnhäuser zu bauen. Diese Pläne wurden jedoch verworfen (8) ____________ der Markt wurde wiederaufgebaut.
(9) ____________ Mitte des 20. Jahrhunderts wurden auf dem Viktualienmarkt Brunnen aufgestellt, (10) ____________ die Bürger sich dafür eingesetzt haben.
(11) ____________ bieten über 140 Händler zahlreiche bayrische Spezialitäten und Feinkost aus anderen Ländern an.

3 Lesen Sie die Informationen über Schloss Charlottenburg und bringen Sie den Text in die richtige Reihenfolge.

Schloss Charlottenburg

_______ a) Sophie Charlotte war die Frau des Kurfürsten Friedrich III., der 1701 der erste König in Preußen wurde und sich dann Friedrich I. nannte. Sophie Charlotte wurde 1684 aus politischen Gründen mit dem verwitweten Friedrich verheiratet.

___1___ b) Das Schloss Charlottenburg befindet sich im Berliner Ortsteil Charlottenburg, der zum Bezirk Charlottenburg-Wilmersdorf gehört.

_______ c) 1705 starb Sophie Charlotte im Alter von 37 Jahren und die Sommerresidenz mit der angrenzenden Siedlung wurde in „Charlottenburg" umbenannt.

_______ d) Nachdem Sophie Charlotte im Jahre 1696 ihr Haus bei Potsdam an Friedrich übergegeben hatte, bekam sie dafür ein Grundstück und ließ eine kleine Sommerresidenz bauen, die später zum heutigen Schloss erweitert wurde.

_______ e) Der Name des Ortsteils und des Schlosses gehen zurück auf Sophie Charlotte von Hannover.

10 Programminformationen

1 Stadtfest oder Tag der offenen Tür? Streichen Sie den falschen Begriff durch.

1. Bei einem *Stadtfest / Tag der offenen Tür* gibt es meistens viele verschiedene Veranstaltungen, zum Beispiel Musik, Theater oder ein Programm für Kinder und Jugendliche.
2. Bei einem *Stadtfest / Tag der offenen Tür* können Bürger eine Institution oder eine Firma besuchen.
3. Bei einem *Stadtfest / Tag der offenen Tür* gibt es oft Veranstaltungen an verschiedenen Orten.
4. Die Führungen oder Informationsveranstaltungen bei einem *Stadtfest / Tag der offenen Tür* werden normalerweise von Mitarbeitern der Institution oder Firma geleitet.

2 Lesen Sie das Veranstaltungsprogramm.

a Welche Überschrift passt am besten? Kreuzen Sie an.

◯ Theater und Kinos ◯ Stadtfest ◯ Vereine ◯ Tag der Offenen Tür

Veranstaltung	Wann?	Wo?	Was?
Die Kokosnuss	16 Uhr	Bühne am Rathaus	Ein unterhaltsames Theaterstück für Jugendliche und Erwachsene, aufgeführt vom Ensemble unseres Stadttheaters. Kostenlos!
Die Sportfreunde	18 Uhr	Stadthalle	Nach drei Jahren Pause tritt die Indierock-Band „Die Sportfreunde" bei unserem Stadtfest auf. Tickets gibt es online.
Der Ball ist rund	ganztags	Efing-Halle	Fußball, Handball und Co. warten auf Interessierte zum Mitmachen und wer will, kann auch regionale Sportvereine kennenlernen.
Basteln & Malen	11 und 14 Uhr	Stadtpark	Eigene Ideen umzusetzen, macht am meisten Spaß. Das können hier alle jungen Kreativen ab 5 Jahren mit ihren Eltern. Material gibt es bei uns.
Unsere Küche	12 und 16 Uhr	Festzelt	Spezialitäten aus unserer Region selbst kochen – das kann man bei unseren kostenlosen Veranstaltungen lernen. Spaß ist garantiert!

b Lesen Sie die Aussagen und ordnen Sie zu: Zu welcher Veranstaltung gehen die Personen?

Meine Frau und ich wollten uns dieses Jahr gerne etwas bewegen und hatten uns schon darauf gefreut, aber dann habe ich mir einen Fuß verstaucht. Jetzt schauen wir uns das Theaterstück an, da kann ich wenigstens sitzen.

1. Die ____________

Ich interessiere mich eher für Klassik als für Pop und Rock, aber Hauptsache Musik! Ich freue mich schon sehr darauf, dass ich noch eine Karte bekommen habe und mal wieder eine Band live sehen kann!

2. ____________

Ich würde gerne zum Konzert gehen, aber für meinen Sohn ist das nicht so spannend. Er ist erst neun Jahre alt und findet es spannender, etwas mit anderen Kindern in seinem Alter zu machen, deshalb gehen wir lieber zur Veranstaltung für Kinder.

3. ____________

3 Lesen Sie das Theaterprogramm.

a Welcher Titel passt zu welchem Text? Ergänzen Sie.

[Die Kleinbürgerhochzeit • Haus und Garten • Die Physiker]

Januar bis Mai

1. ______________________________

Ein ganz besonderes Ereignis: Das Theaterensemble spielt parallel auf zwei Bühnen in unserem Schauspielhaus. Parallel? Ja, genau. Denn gezeigt wird, was während eines Gartenfests passiert, allerdings gehen die Gäste auch immer wieder aus dem Garten ins Haus, und dort geht die Handlung natürlich weiter. Es geht drunter und drüber in Beziehungen, Karrieren und auch sonst – aber die Zuschauer werden davon gut unterhalten.

Nach vielen Jahren sehen Sie das beliebte Stück von Alan Ayckbourn wieder bei uns im Theater, in einer neu bearbeiteten deutschen Übersetzung. Es bleibt Ihnen überlassen, welchen Teil des Stücks Sie sich zuerst anschauen wollen, aber wir empfehlen Ihnen, beide Aufführungen an einem Abend zu sehen. So haben Sie noch genau vor den Augen, was gerade „draußen" oder „drinnen" passiert war.

2. ______________________________

Der Schauplatz: Eine Psychiatrie. Die Hauptfiguren: Drei Patienten, die sich für Wissenschaftler halten. Oder sind es drei Wissenschaftler, die nur so tun, als ob sie Patienten wären? In diesem Stück von Friedrich Dürrenmatt geht es um Wissenschaft, um Gefahren für die Menschheit, um Wahnsinn und „Normalität" – bei alledem gibt es aber auch viel Komik. Lassen Sie sich diese Aufführung nicht entgehen. Wir bieten alle Aufführungen mit anschließender Diskussion an, an der das Ensemble und die Regisseurin teilnehmen.

3. ______________________________

Was passiert, wenn in einer Familie die Hochzeitsglocken läuten? Es soll der schönste Tag im Leben des Brautpaars werden, aber manchmal ist die Fassade schöner als das, was dahinter passiert. Und so kann am vermeintlich schönsten Tag auch einfach alles schiefgehen. Der Vater will sich wichtig machen, es gelingt ihm aber nicht. Die selbstgebauten Möbel fallen nach und nach auseinander, und zum Schluss ist von der heilen Welt nichts mehr übrig. Das Stück von Bertolt Brecht ist inzwischen natürlich ein Klassiker, und wir freuen uns, Ihnen in diesem Jahr eine Aufführung unter neuer Regie zeigen zu können.

b Lesen Sie die Aussagen und entscheiden Sie: Zu welchem Stück passt die Aussage?

	Die Kleinbürgerhochzeit	Haus und Garten	Die Physiker
1. Man kann nach dem Stück mit den Schauspielern sprechen.	○	○	○
2. Das Stück ist im Original nicht auf Deutsch.	○	○	○
3. Eine Familie möchte eine heile Welt zeigen, aber das gelingt nicht.	○	○	○
4. Das Stück wird auf zwei Bühnen gleichzeitig gespielt.	○	○	○
5. Die Hauptfiguren sind vielleicht krank.	○	○	○

11 Aushänge in Beruf und Alltag

1 Welche Erklärung passt? Lesen Sie und ordnen Sie zu.

1. ausreichend	____	a)	Dieses Wort bedeutet, dass etwas in etwas anderem ist, z. B. Zitronen … Vitamin C (= in Zitronen ist Vitamin C).
2. der Tank, -s	____	b)	Dieses Wort bedeutet, dass man ein Gerät startet oder zum ersten Mal benutzt.
3. die Inbetriebnahme, -n	____	c)	ein formelles Wort für ein „Essen" bzw. „Gericht"
4. die Speise, -n	____	d)	ein Behälter für Flüssigkeiten oder Gas, zum Beispiel für Benzin in einem Auto oder für Heizöl in einem Haus
5. einwerfen	____	e)	ein etwas formelleres Wort für „putzen" oder „saubermachen"
6. enthalten	____	f)	Dieses Verb drückt aus, dass etwas gültig ist, zum Beispiel Verkehrsregeln, Öffnungszeiten oder Vorschriften.
7. gelten	____	g)	ein formelles Verb für „essen"
8. regulär	____	h)	etwas wegpacken, sodass es nicht herausfallen kann, z. B. das Gepäck im Kofferraum …
9. reinigen	____	i)	hier: wie normalerweise, wie in den Regeln festgelegt
10. verstauen	1	j)	hier: genug
11. verzehren	____	k)	etwas in einen Behälter werfen, zum Beispiel Post in einen Briefkasten

2 Lesen Sie die Texte und ergänzen Sie die Verben.

abgeben • ausschalten • einwerfen • enthält • gelten • ~~geschlossen~~ • prüfen • reinigen • verstauen • verzehren • waschen

Heute wegen privater Veranstaltung (1) geschlossen ! Morgen wieder reguläre Öffnungszeiten.

Es (2) ____________ neue Öffnungszeiten ab Juni:
Mo – Fr von 10 bis 19 Uhr
Sa von 9 bis 16 Uhr

Nach Benutzung das Werkzeug bitte wieder in den Kästen (3) ____________.

Pakete bitte bei Fischer (4) ____________ (3. OG links). Danke!

Bitte keine Werbung (5) ____________.

Licht im Keller bitte (6) ____________.

Nach Benutzung ist die Maschine zu (7) ____________.

Bitte vor Inbetriebnahme (8) ____________, ob der Tank ausreichend Öl (9) ____________.

Im Seminarraum bitte keine mitgebrachten Speisen (10) ____________.

3 Was bedeuten die Ausdrücke? Kreuzen Sie an.

1. Folge leisten
   - ◯ a) man muss etwas machen
   - ◯ b) man kann etwas machen

2. es ist untersagt
   - ◯ a) man soll etwas machen
   - ◯ b) man darf etwas nicht machen

3. ich benötige
   - ◯ a) ich darf
   - ◯ b) ich brauche

4 Lesen Sie die Aushänge und lösen Sie die Aufgaben unter den Texten.

Liebe Nachbarn!

Heute (Samstag) feiern wir in unserer Wohnung ab 19 Uhr den 18. Geburtstag unseres Sohnes. Es ist möglich, dass es etwas lauter wird - wir bitten um Verständnis! Wenn Sie möchten, kommen Sie doch einfach vorbei uns feiern Sie mit uns!

Fam. Schneider

	richtig	falsch
1. Die Nachbarn können an der Party teilnehmen.	◯	◯

Liebe Nachbarn,

leider können wir den Kinderwagen für unsere Tochter Jana nicht immer in unsere Wohnung bzw. nach unten tragen und möchten ihn deshalb manchmal hier im Hausflur stehenlassen. Wenn er Ihnen im Weg ist, melden Sie sich bitte: 0171 / 91719001. Wir danken für Ihr Verständnis!

Tomasz & Ulrike Bauer

	richtig	falsch
2. Man soll anrufen, wenn man einen Kinderwagen braucht.	◯	◯

Hinweise für Besucher:

In den Ausstellungsräumen bitte nicht mit Blitz fotografieren.
Das Anfassen von Kunstwerken ist untersagt. Anweisungen der Mitarbeiter ist Folge zu leisten.

	richtig	falsch
3. Sie dürfen Bilder und Skulpturen nicht berühren.	◯	◯

Barrierefreie Zugänge zu den Etagen 2 bis 5 befinden sich am Ende des Flurs auf der linken Seite. Sollten Sie Hilfe benötigen, melden Sie sich bitte bei Herrn Sander in Raum 002.

	richtig	falsch
4. Herr Sander hilft Ihnen, wenn Sie Unterstützung brauchen.	◯	◯

Liebe Kolleginnen und Kollegen,

wegen des Umbaus unserer Büroetage findet ihr die Gemeinschaftsküche vorübergehend im 1. OG in Raum 119. Denkt bitte daran, für den Zugang zum 1. OG eure Keycard mitzunehmen.

Beste Grüße, Ismail Bayram (Betriebsrat)

	richtig	falsch
5. Sie können ohne Ihre Keycard in den 1. Stock gehen.	◯	◯

5 Welche Erklärung passt? Lesen Sie und notieren Sie.

1. sich aufhalten ______ a) Damit wird ausgedrückt, für wen oder wo genau Regeln oder Vorschriften gültig sind.
2. einhalten ______ b) hier: an einem Ort sein = sich an einem Ort ...
3. gelten für ______ c) Sie sagen oder schreiben etwas, was auch andere Personen sagen oder schreiben würden, zum Beispiel Ihre Familie, Freunde oder Kollegen.
4. im Namen von ______ d) hier: Ein anderes Wort für „beachten", es wird meist im Zusammenhang mit Regeln oder Vorschriften verwendet.

6 Lesen Sie den Text über das Panda-Haus.

a Ergänzen Sie die Verben.

[achten • aufhalten • danken • klopfen • kontrollieren • ~~gelten~~ • sprechen • verboten]

Liebe Besucherinnen und Besucher,

im Moment (1) _gelten_ für den Besuch des Panda-Hauses neue Regeln, um das Panda-Baby und auch seine Eltern zu schützen. Es können sich höchstens 15 Personen gleichzeitig im Panda-Haus (2) ________________ – dazu zählen auch Kleinkinder. Am Eingang und Ausgang (3) ________________ Mitarbeiterinnen und Mitarbeiter des Zoos, dass dies eingehalten wird. Deshalb kommt es vor dem Eingang leider zu Wartezeiten.
Im Panda-Haus ist das Fotografieren mit Blitz strengstens (4) ________________! (5) ________________ Sie unbedingt darauf, an Ihren Fotoapparaten, Handys usw. den Blitz zu deaktivieren, bevor Sie ein Foto machen.

(6) ________________ Sie während Ihres Aufenthalts im Panda-Haus möglichst leise, um die Tiere nicht unnötig aufzuregen. (7) ________________ Sie auf keinen Fall gegen die Glasscheiben.
Wir (8) ________________ für Ihr Verständnis und Ihre Unterstützung, auch im Namen unserer Pandas, und wünschen Ihnen einen schönen Aufenthalt im Panda-Haus.

Mit tierischen Grüßen
Die Zooleitung

b Lösen Sie die Aufgaben zum Text.

	richtig	falsch
1. Im Zoo kann man ganz junge Pandas sehen.	○	○
2. Kinder unter 15 Jahren dürfen nicht in das Pandahaus.	○	○
3. Man soll keinen Lärm machen.	○	○
4. Man kann die jungen Pandas anfassen.	○	○

12 Beipackzettel

1 Welche Erklärung passt? Ordnen Sie zu.

1. Zusammensetzung ______ a) Das bedeutet, dass die Wirkung des Medikaments von anderen Medikamenten oder Lebensmitteln beeinflusst werden kann.
2. Wirkstoff ______ b) Dieses Wort beschreibt, wie man ein Medikament benutzen soll, z. B. wann und wie man es einnehmen soll.
3. Anwendung ______ c) Hier erfährt man, wie viel man von einem Medikament nehmen soll.
4. Nebenwirkung ______ d) Damit ist der Bestandteil eines Medikaments gemeint, der gegen die Symptome oder Krankheit hilft.
5. Dosierung __1__ e) Hier wird beschrieben, was alles in einem Medikament enthalten ist.
6. Wechselwirkung ______ f) Dieses Wort bezeichnet die Wirkungen eines Medikaments, die nicht gewollt sind, aber leider auftreten können.

2 Beipackzettel für Hustensaft

a Lesen Sie den Beipackzettel und ordnen Sie die Überschriften zu.

[Anwendung • Nebenwirkungen • Wechselwirkungen • Weitere Hinweise • ~~Zusammensetzung~~]

Hustensaft „Efeuwunder"

1. *Zusammensetzung*

Wirkstoff: je 1 ml Saft 6 mg Efeuextrakt. Weitere Bestandteile: Kaliumsorbat, Sorbitollösung, gereinigtes Wasser, Aromastoffe.

2. ______________________

Kinder von 6 bis 12 Jahren nehmen morgens und abends einen Teelöffel Hustensaft ein. Jugendliche ab 13 Jahren und Erwachsene nehmen morgens, mittags und abends einen Teelöffel Hustensaft ein.

3. ______________________

In seltenen Fällen kann es zu leichter Übelkeit kommen. Sollten weitere Beschwerden auftreten, suchen Sie bitte Ihren Arzt auf.

4. ______________________

Die Einnahme von Abführmitteln kann die Wirksamkeit von Efeuwunder beeinträchtigen.

5. ______________________

Sollten Sie Wechselwirkungen oder andere Nebenwirkungen feststellen, als hier aufgeführt sind, informieren Sie bitte Ihren Apotheker oder den Hersteller direkt unter info@soltaupharma.eu.

b Lösen Sie die Aufgaben zum Text.

	richtig	falsch
1. Erwachsene sollen das Medikament dreimal täglich einnehmen.	○	○
2. Das Medikament enthält auch Wasser.	○	○
3. Von dem Medikament kann einem vielleicht etwas schlecht werden.	○	○
4. Andere Medikamente haben keinen Einfluss auf die Wirksamkeit.	○	○

3 Beipackzettel für Salbe

a Welche der Sätze a–g fehlen im Text? Ordnen Sie zu. Nicht alle Sätze passen!

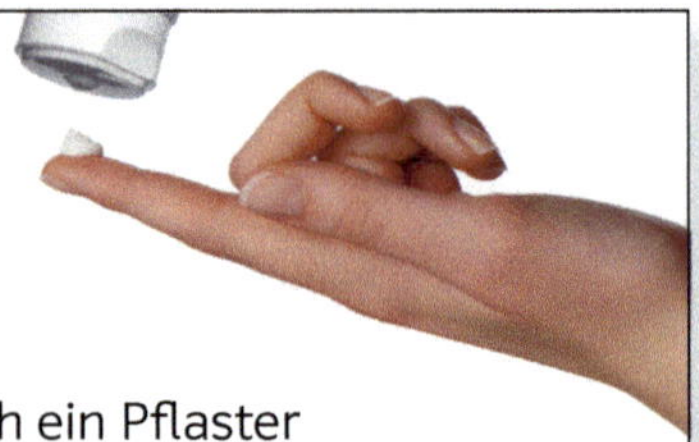

ABC Salbe bei Insektenstichen
Wirkstoff: Neomycin

Anwendung
Tragen Sie die Salbe dünn auf die Insektenstiche auf und lassen Sie sie kurz antrocknen. (1) ____ Sie können die betroffene Hautstelle auch zusätzlich durch ein Pflaster oder einen Verband schützen. (2) ____
ABC Salbe darf nicht mit Schleimhäuten in Berührung kommen. (3) ____ Bei Kindern unter 6 Jahren empfehlen wir, vorsorglich einen Arzt aufzusuchen.

Nebenwirkungen
In seltenen Fällen sind bei Überempfindlichkeit gegen den Wirkstoff Hautreizungen (Rötung, Ausschlag) möglich. (4) ____

Wechselwirkungen
Bei gleichzeitiger Einnahme von Medikamenten zur Behandlung chronischer Nierenkrankheiten kann es zu Komplikationen durch die Verwendung von ABC Salbe kommen. (5) ____

a) Achten Sie darauf, das Pflaster bzw. den Verband nicht zu eng anzulegen.
b) Danach können Sie die Salbe verwenden.
c) Einen Verband sollten Sie nicht benutzen.
d) Falls das passiert, sollten Sie die Salbe noch einmal auftragen.
e) In diesem Fall raten wir Ihnen von der Verwendung der Salbe ab.
f) Sollten diese Beschwerden nicht innerhalb von 24 Stunden abklingen, gehen Sie bitte zum Arzt.
g) Sollte dies doch geschehen, spülen Sie die betroffene Stelle sofort gründlich mit Wasser ab.
h) Wiederholen Sie dies etwa 3 bis 4 Mal täglich für bis zu 3 Tage.

b Lösen Sie die Aufgaben zum Text.

1. Man darf
   - ◯ a) kein Pflaster verwenden.
   - ◯ b) nur einen Verband benutzen.
   - ◯ c) sowohl ein Pflaster als auch einen Verband verwenden.
2. Die Salbe sollte nicht
   - ◯ a) von Kindern unter 6 Jahren benutzt werden.
   - ◯ b) auf bestimmte Stellen der Haut gelangen.
   - ◯ c) nur von Ärzten auf die Schleimhäute aufgetragen werden.
3. Die Nebenwirkungen
   - ◯ a) können auftreten, wenn man besonders empfindliche Haut hat.
   - ◯ b) sind immer harmlos.
   - ◯ c) treten auf, wenn man auf Neomycin zu stark reagiert.
4. Bei Nierenproblemen
   - ◯ a) gibt es keine Probleme durch die Salbe.
   - ◯ b) sollte man zuerst den Arzt fragen.
   - ◯ c) sollte man die Salbe nicht benutzen.

13 Bedienungsanleitungen

1 Bestandteile einer Bedienungsanleitung

a Welche Wortteile passen zusammen? Notieren Sie die Wörter.

[~~Ansprech~~ • Auf • Be • Inbetrieb • Kontakt • lösung • möglichkeiten • nahme • ~~partner~~ • Problem • stellen • trieb]

1. Ansprechpartner
2. ______
3. ______
4. ______
5. ______
6. ______

b In welcher Reihenfolge finden Sie Informationen in einer Bedienungsanleitung? Ergänzen Sie die Wörter aus Aufgabe 1a.

1. Wie und wo man das Gerät hinstellen sollte: Aufstellen
2. Wie man das Gerät zum ersten Mal benutzt: ______
3. Wie man das Gerät allgemein benutzt: ______
4. Was man macht, wenn etwas nicht funktioniert: ______
5. Wen man bei Fragen anrufen oder anschreiben kann: ______
6. Wie man die Personen bzw. den Service erreicht: ______

2 Bedienungsanleitung für einen Kühlschrank

a Bringen Sie die Ausschnitte aus der Bedienungsanleitung in die richtige Reihenfolge, indem Sie sie nummerieren.

___ a) Die Anzeige an der Innenseite der Tür informiert Sie darüber, wann der Frischefilter gewechselt werden muss. Die Anzeige färbt sich nach ca. sechs Monaten rot, je nach der gewählten Temperatur auch schneller. Dann sollten Sie den Filter wechseln.

_1_ b) Bevor Sie den Kühlschrank zum ersten Mal verwenden, lassen Sie ihn mindestens 60 Minuten auf einer geraden Fläche stehen, damit sich die Kühlflüssigkeit gleichmäßig verteilen kann.

___ c) Sollten Probleme auftreten, die hier nicht beschrieben sind, können Sie sich über das Kontaktformular auf unserer Homepage an den Kundenservice wenden.

___ d) Nachdem Sie den Stecker eingesteckt haben, dauert es zwei Stunden, bis im Innenraum des Kühlschranks die Kühltemperatur erreicht ist. Öffnen Sie in dieser Zeit die Tür nicht.

b Lösen Sie die Aufgaben zum Text.

	richtig	falsch
1. Man sollte den Kühlschrank nach Lieferung gleich einschalten.	○	○
2. Nach ca. 60 Minuten hat der Kühlschrank die richtige Temperatur.	○	○
3. Wenn man Hilfe braucht, muss man ins Internet gehen.	○	○

3 Bedienungsanleitung für den „Supersauger 1000“

a Lesen Sie den ersten Teil des Textes und bringen Sie die Sätze in die richtige Reihenfolge, indem Sie sie nummerieren.

Inbetriebnahme

_____ a) Jetzt können Sie den Schalter an der Oberseite des Geräts drücken und der Staubsauger fängt automatisch an zu saugen.
_____ b) Nach etwa zwei Stunden ist die volle Ladekapazität erreicht.
_____ c) Dazu müssen Sie den Staubsauer einfach von vorne in die Ladestation schieben.
__1__ d) Setzen Sie zuerst den Filter in das Gerät ein.
_____ e) Das Gerät fährt automatisch zur Ladestation zurück, wenn es den Akku aufladen muss.
_____ f) Stecken Sie dann die Ladestation in eine Steckdose und schließen Sie den Staubsauer daran an.

b Lesen Sie nun den zweiten Teil des Textes und ergänzen Sie die passenden Wörter.

[allerdings • ~~und~~ • die • sobald • solange • sowie • um • Wenn • Wenn]

Betrieb

Sie können den Staubsauer im Dauerbetrieb verwenden. Das Gerät funktioniert weitgehend automatisch (1) __und__ erkennt auch Treppen (2) ________________ andere Hindernisse und weicht ihnen aus. Der Staubsauer kehrt automatisch zur Ladestation zurück und beginnt wieder zu saugen, (3) ________________ der Akku eine Kapazität von 100 % erreicht hat. (4) ________________ Sie den Staubsauer nicht verwenden wollen, schalten Sie ihn aus und ziehen Sie den Stecker der Ladestation aus der Steckdose, (5) ________________ den Akku zu schonen.
(6) ________________ Sie den Staubsauer in einem Zimmer mit Teppichen benutzen wollen, wählen Sie den Programmknopf „T“. Der Staubsauer bewältigt Teppiche bis zu einer Höhe von 3 mm, (7) ________________ ist die Saugkraft in diesem Programm etwas niedriger.
An der Rückseite des Geräts befindet sich eine rote Lampe, (8) ________________ anzeigt, wenn der Filter gewechselt werden muss. Der Staubsauer saugt nur automatisch, (9) ________________ die rote Lampe nicht leuchtet.

c Lösen Sie die Aufgaben zum Text in 3b.

	richtig	falsch
1. Der Staubsauger kann auch Treppen steigen.	○	○
2. Man sollte den Stecker für das Ladegerät nie entfernen.	○	○
3. Das Gerät saugt im Programm „T“ nicht so stark wie sonst.	○	○
4. Wenn die rote Lampe leuchtet, saugt das Gerät nicht automatisch.	○	○

4 Lesen Sie die Fragen und die Bedienungsanleitung für eine Personenwaage. In welchem Abschnitt (a–e) finden Sie Antworten auf die Fragen? Notieren Sie.

karli64

1. a

Hallo, ich kann das PDF mit der Bedienungsanleitung nicht öffnen. Weiß jemand, ob ich die Waage bei mehr als 25°C benutzen kann? Ich mag es im Bad gerne warm. ;-) Danke. Gruß, Karl

astronaut

2. ______

Hallo. Die Waage ist super, aber dich hätte gerne, dass bei der Sprachausgabe ein Mann spricht. Kann ich das einstellen? Danke!

ichmagblumen

3. ______

Hi! Ich liebe die Fitnesstipps, aber ich höre seit einer Woche immer dieselben! Wie bekomme ich neue Tipps? Danke für eine Antwort!

Fitnessnuss

4. ______

Ich überlege, mir diese Waage zu kaufen. Kann man im Menü sechs Benutzer speichern? Dann könnte die ganze Familie alle Funktionen benutzen ...

Max Fit – Die sprechende Personenwaage mit Analysefunktion und Fitnesstipps

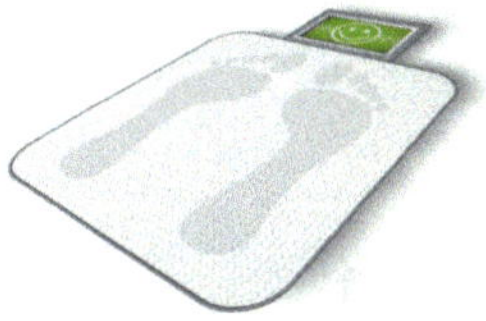

Herzlichen Glückwunsch zum Kauf Ihrer neuen Personenwaage **Max Fit**!
Beachten Sie die folgenden Hinweise zum Gebrauch:

a) Auspacken & Aufstellen: Entfernen Sie die Verpackung und die Schutzhülle. Prüfen Sie, ob die Waage unbeschädigt ist. Sie können die Waage bei einer Raumtemperatur von 10°C bis 25°C verwenden, bei niedrigeren bzw. höheren Temperaturen kann die Elektronik beschädigt werden. Achten Sie darauf, die Waage auf einem geraden Untergrund aufzustellen. Anderenfalls werden die Messergebnisse ungenau.

b) Inbetriebnahme: Legen Sie zwei Batterien (nicht im Lieferumfang enthalten!) ein. Öffnen Sie dazu an der unteren Seite der Waage das Batteriefach. Wenn Sie die Batterien eingelegt haben, hören Sie einen langen Ton, danach verbindet sich die Waage mit Ihrem WLAN. Halten Sie ggf. das Passwort bereit. Im Menü „Benutzer" können Sie Angaben zu bis zu vier Benutzern eingeben und speichern.

c) Sprachfunktion: Die Waage verwendet für die Ansage des Gewichts sowie der Fitnesstipps eine Sprachausgabe. Sie können außerdem Fragen zu Ihren Daten (Veränderung des Gewichts, BMI) stellen, die die Waage beantwortet. Im Menü „Sprache" können Sie sowohl die Sprache als auch die Stimme (männlich oder weiblich) sowie die Sprechgeschwindigkeit auswählen.

d) Fitnesstipps: Ihre Waage gibt Ihnen Fitnesstipps, fragen Sie sie einfach! Je nach Alter, Gewicht und weiteren Angaben erhalten Sie unterschiedliche Tipps. Neue Tipps lädt die Waage aus dem Internet herunter.

e) Probleme & Lösungen: Problem: Die Anzeige funktioniert nicht. Lösungen: Haben Sie Batterien eingelegt? Sind die Batterien leer? Prüfen Sie auch die Umgebungstemperatur.
Problem: Die Sprachausgabe funktioniert nicht. Lösung: Prüfen Sie im Menü, ob Sie die Sprachausgabe deaktiviert haben.
Problem: Die Fitnesstipps wiederholen sich. Lösung: Aktivieren Sie „täglich nach Downloads suchen", um automatisch jeden Tag neue Tipps zu erhalten.

14 Kurznachrichten und Notizen

1 Was bedeuten die Abkürzungen? Ordnen Sie zu.

1. asap	____	a)	gegebenenfalls (= falls es notwendig ist)
2. bspw.	____	b)	zum Beispiel
3. ggf.	____	c)	Gesellschaft mit beschränkter Haftung (eine bestimmte Unternehmensform)
4. GmbH	____	d)	beziehungsweise
5. km	____	e)	beispielsweise
6. KW	1	f)	aus dem Englischen „as soon as possible" (= so schnell wie möglich)
7. wg.	____	g)	wegen
8. z. B.	____	h)	Kilometer
9. bzw.	____	i)	Kalenderwoche

2 Berufliche und private Kurznachrichten

a Lesen Sie die Kurznachrichten. Sind sie privat (p) oder beruflich (b)? Notieren Sie.

Denkst du bitte daran, die Namensschilder für die Besuchergruppe der Sasuki GmbH am Empfang bereitzulegen? Danke.

1. b

Mehr Futter findet ihr in der Abstellkammer!

2. ____

Das hatte ich noch vergessen: Die Pflanzen bitte nur mit gefiltertem Wasser gießen und ggf. Filter wechseln. Danke! ☺

3. ____

Unterlagen für Verkaufspräsentation und ggf. Beamer bis morgen 8 Uhr in Konferenzraum bringen. Danke!

4. ____

Ganz wichtig: Bitte asap noch drei Kopien des Berichts zum Chef bringen!

5. ____

Restmüll wird in jeder zweiten Woche (ungerade KW) abgeholt. Bitte Tonne rausstellen – danke!

6. ____

b Lesen Sie die Texte in 2a noch einmal. Zu welchen Oberthemen gehören diese Nachrichten? Kreuzen Sie an.

1. privat
   - ◯ a) Hinweise für Freunde, die sich um Wohnung und Haustiere kümmern
   - ◯ b) Vorschläge für einen gemeinsamen Urlaub mit Freunden
2. beruflich
   - ◯ a) Ideen zur Planung des nächsten Firmenjubiläums
   - ◯ b) Anweisungen von/an Arbeitskollegen

3 Dringende Anweisungen und Nachrichten

a Welche Wörter und Formulierungen drücken aus, dass etwas besonders dringend ist? Kreuzen Sie an.

1. ◯ auf jeden / keinen Fall
2. ◯ nach Möglichkeit
3. ◯ unbedingt
4. ◯ schnellstmöglich
5. ◯ nicht so wichtig
6. ◯ vielleicht
7. ◯ kein Stress deswegen
8. ◯ (ganz) wichtig
9. ◯ zwingend

b Lesen Sie die Nachrichten und notieren Sie: Was ist dringend (d)?

Der Hausmeister will Freitag etwas im Keller reparieren. Wenn ihr daran denkt, könnt ihr ihn fragen, ob er die Lampe im Flur auch reparieren kann? Ist aber nicht so wichtig, kein Stress deswegen.

1. ______

Morgen, 12 Uhr: Geschäftsessen mit Herrn Meyer von der Contech GmbH – unbedingt die aktualisierten Unternehmenszahlen vorab an ihn schicken und Frau Zorc ins CC setzen! Danke.

2. ______

Ich habe was ganz Wichtiges vergessen: Die Fische mindestens einmal täglich füttern, sie sind sehr empfindlich – Futter steht im Schrank unter dem Aquarium. Danke!

3. ______

Nächste Woche Freitag, 10:00 Uhr, Treffen Außendienstmitarbeiter in Raum 413. Für Präsentation neuer Verkaufskonzepte bitte Handouts ausdrucken und mitnehmen!

4. ______

4 Lesen Sie die Notizen und notieren Sie: Ist das eine Anweisung (A), eine Bitte (B) oder ein Ratschlag (R)?

Bin gleich weg, gerade Anruf Buchhaltung Thürmer KG: schnellstmöglich Rückruf wg. offener Rechnung!

1. ______

Falls ihr Essen gehen wollt:
Wir mögen das indische Restaurant in der Parallelstraße sehr. Fragt am besten eure Smartphones nach dem Weg. ☺

2. ______

Der Supermarkt am Ende der Straße ist gut sortiert, aber teuer. Günstiger ist der Discounter in der Adenauerstraße, ca. 20 Min. zu Fuß, ihr könnt aber auch unsere Räder nehmen.

3. ______

Vogelfutter nach Möglichkeit täglich nachfüllen und Käfig alle 3 oder 4 Tage reinigen

4. ______

15 Briefe und E-Mails

1 Sie bekommen einen Brief von einem Reisebüro.

a Lesen Sie den Anfang. Welche Betreffzeile passt am besten?

◯ 1. Ihre Bewerbung in unserem Reisebüro ◯ 2. Programm Herbst/Winter

Sehr geehrte Damen und Herren,

wir freuen uns, Ihnen in der Anlage unseren neuen Katalog übersenden zu können. Auch in diesem Jahr bieten wir Ihnen wieder interessante Reisen in kleinen Gruppen zu spannenden Zielen an.

b Lesen Sie den Rest des Briefs. Welche der Sätze a–d fehlen im Text? Ordnen Sie zu. Nicht alle Sätze passen.

a) Auf diese Weise erleben Sie eine Stadt eher als Bewohner und nicht als Tourist.
b) Genießen Sie den Luxus in ausgewählten Boutique-Hotels und lassen Sie sich verwöhnen.
c) Sollten Sie Fragen haben, erreichen Sie unseren Kundenservice über das Kontaktformular auf unserer Website.
d) Wir würden uns freuen, Sie schon bald auf einer unserer Reisen begrüßen zu dürfen!

Ganz neu in unserem Programm: Wochenendreisen zu europäischen Metropolen. Tauchen Sie ein in die europäische Geschichte und lernen Sie die Städte aus einer neuen Perspektive kennen, indem Sie nicht in einem Hotel übernachten, sondern bei Einheimischen. (1) _____

Wie immer steht Ihnen unser Team bei allen Fragen rund um unser Angebot telefonisch von Montag bis Freitag zwischen 08:00 und 18:00 Uhr zur Verfügung. Ein besonderes Angebot für unsere Stammkunden: Bei Buchungen bis zum 31.05. gewähren wir 20 % Rabatt! (2) _____

Mit freundlichen Grüßen
J. Bauer
(Leiter Kundenservice)

Reisebüro „Sonnenschein" – Ihr Spezialist für Firmenausflüge und Privatreisen

c Lesen Sie den ganzen Brief noch einmal und lösen Sie die Aufgaben.

	richtig	falsch
1. Das Reisebüro ist auf Alleinreisende spezialisiert.	◯	◯
2. Man kann jetzt auch Reisen in Großstädte in Europa machen.	◯	◯
3. Während der Reise schläft man nicht im Hotel.	◯	◯
4. Neue Kunden sparen bei der Buchung bis Ende Mai Geld.	◯	◯
5. Wenn man Fragen hat, kann man auch am Wochenende anrufen.	◯	◯
6. Man kann die Mitarbeiter über die Internetseite erreichen.	◯	◯

2 Lesen Sie die E-Mail einer Reinigungsfirma. Welches Wort passt jeweils in die Lücke? Kreuzen Sie an.

Sehr geehrte Frau Steffens,

in der Anlage übersenden wir Ihnen unsere (1) ____ für die Reinigung von Textilien in der Hotellerie. Darin sind unterschiedliche Preiskategorien je nach Menge (2) ___. Sollten unsere Pauschalangebote nicht Ihren (3) ____ bzw. Ihrem Bedarf entsprechen, kontaktieren Sie uns bitte. Gerne (4) ____ wir Ihnen auch ein individuelles Angebot.
Für weitere Fragen stehen wir Ihnen selbstverständlich gerne zur (5) ____.
Wir würden uns freuen, Sie bald als neuen Kunden (6) ____ zu dürfen.

Mit freundlichen Grüßen
Carlos Santos

1. ◯ a) Zahlen
   ◯ b) Preislisten
2. ◯ a) enthalten
   ◯ b) erhalten
3. ◯ a) Wünschen
   ◯ b) Fragen
4. ◯ a) machen
   ◯ b) beschreiben
5. ◯ a) Antwort
   ◯ b) Verfügung
6. ◯ a) bedanken
   ◯ b) begrüßen

3 Lesen Sie die E-Mails. Welche passt am besten zu der Antwort aus 2?

◯ 1.

Sehr geehrte Damen und Herren,

für eine Mitarbeiterfortbildung suchen wir noch Räume mit Übernachtungsmöglichkeiten. Wir haben gelesen, dass Sie in Ihrem Hotel auch Veranstaltungsräume anbieten. Wäre vom 1.–3. Juni ein Raum für 15–20 Personen frei? Und hätten Sie im gleichen Zeitraum noch zehn Einzel- und fünf Doppelzimmer frei? Vielen Dank im Voraus!

Mit freundlichen Grüßen
Peter Crawford

◯ 2.

Sehr geehrte Damen und Herren,

bei der Suche nach Angeboten für Arbeitskleidung sind wir auf Ihr Unternehmen gestoßen. Wir sind ein kleines Biologielabor mit fünf Mitarbeitern. Uns würde interessieren, ob Sie auch individualisierte Arbeitskleidung, zum Beispiel mit einem Firmenlogo, anbieten. Für eine kurze Antwort wären wir Ihnen dankbar!

Beste Grüße
Ma Ying

◯ 3.

Sehr geehrte Damen und Herren,

wir sind ein kleines Hotel im Zentrum von Leipzig. Würden Sie uns bitte ein Angebot für die tägliche Reinigung von 20 Garnituren Bettwäsche, 20 Badetüchern und 40 Handtüchern schicken?
Vielen Dank.

Mit freundlichen Grüßen
Wladimir Nurejew

4 Lesen Sie die E-Mail einer Gärtnerei.

a Bringen Sie die Absätze in die richtige Reihenfolge.

Sehr geehrte Damen und Herren,

______ a) Falls Sie die Räume persönlich anschauen möchten, bevor Sie ein Angebot machen, können wir natürlich gerne einen Termin vereinbaren. Allerdings haben wir ab dem kommenden Montag für zwei Wochen Betriebsferien. Sie erreichen uns aber natürlich bis einschließlich Freitagnachmittag oder dann wieder ab Montag in zweieinhalb Wochen unter der Telefonnummer 665446.

______ b) Wir freuen uns auf eine Rückmeldung bzw. ein Angebot.

______ c) Es handelt sich dabei um drei Räume, die zwischen 15 und 20 m^2 groß sind. In allen Räumen soll neuer Teppichboden verlegt werden, die zwei kleineren Räume sollen außerdem neu gestrichen werden, und im größten Raum sollen neue Tapeten angebracht werden. Wir senden Ihnen in der Anlage Fotos, damit Sie einen Eindruck von den Räumen haben. Ist es möglich, innerhalb von einer Woche ein Angebot von Ihnen zu erhalten?

__1__ d) wir sind ein mittelständisches Unternehmen (Gärtnerei) und möchten unsere Büroräume renovieren lassen.

Mit freundlichen Grüßen
Kassandra Winkler

b Welche Betreffzeile passt am besten zu der E-Mail?

- ◯ 1. Angebot zur Renovierung Ihrer Räume
- ◯ 2. Bitte um ein Angebot
- ◯ 3. Ihre Anfrage
- ◯ 4. Informationen zu unserem Unternehmen

c Lösen Sie die Aufgaben zu der E-Mail.

1. Der Absender
   - ◯ a) möchte den Garten neu machen lassen.
   - ◯ b) arbeitet in einer Gärtnerei.
   - ◯ c) sucht Arbeit als Maler.

2. Es soll
   - ◯ a) in allen Räumen tapeziert werden.
   - ◯ b) in einem Raum gestrichen werden.
   - ◯ c) überall neuen Teppich geben.

3. Der Absender
   - ◯ a) erwartet das Angebot nach den Betriebsferien.
   - ◯ b) möchte schon in dieser Woche ein Angebot bekommen.
   - ◯ c) sagt nicht, wann er das Angebot haben möchte.

4. Der Absender
   - ◯ a) schickt auch Fotos der Büros.
   - ◯ b) muss noch Fotos der Büros machen.
   - ◯ c) kann keine Fotos der Büros senden.

5. Zur Besichtigung kann man
   - ◯ a) erst in zwei Wochen kommen.
   - ◯ b) in der nächsten Woche vorbeikommen.
   - ◯ c) noch in dieser Woche oder in zweieinhalb Wochen kommen.

5 Lesen Sie eine firmeninterne E-Mail.

a Was ist das Thema der E-Mail?

◯ 1. Einladung zur Jubiläumsfeier ◯ 2. Programmplanung für die Jubiläumsfeier

> Liebe Kolleginnen und Kollegen,
>
> im Anhang sende ich Ihnen bzw. euch unseren Vorschlag für die Jubiläumsfeier unserer Firma.
>
> Von 17 bis 19 Uhr haben wir noch kein Programm und Sie können/ihr könnt gerne Vorschläge machen. Gut wäre ein Unterhaltungsprogramm: Musik (Livemusik wäre toll!), Zauberei oder Comedy. Wenn Ihnen/euch etwas Gutes einfällt, melden Sie sich/meldet euch bitte kurz.

TIPP Ob man sich siezt oder duzt, hängt von vielen Punkten ab. Normalerweise siezt man Menschen, die man noch nicht kennt, und bietet dann später das *Du* an – zum Beispiel, wenn man sich sympathisch ist. Im Beruf bietet man das *Du* normalerweise nur Kollegen an, bei Vorgesetzten bleibt man oft beim *Sie*. Aber auch hier gibt es Ausnahmen. Im Zweifelsfall fragen Sie Ihre Kollegen.

b Welcher Schluss passt am besten zu der E-Mail?

◯ 1.

> Wir bitten Sie dringend um Antwort innerhalb von drei Tagen.
> Vielen Dank im Voraus für Ihre Bemühungen.
>
> Mit freundlichen Grüßen
> Sascha Aschenbach

◯ 2.

> Eine Rückmeldung innerhalb der nächsten drei Tage wäre super, damit wir das Programm schnell fertigstellen und die entsprechenden Räume buchen können.
> Vielen Dank an alle im Voraus!
>
> Viele Grüße
> Sascha Aschenbach

6 Bringen Sie die Sätze zuerst in die richtige Reihenfolge. Entscheiden Sie dann, welche Antwort zu der E-Mail aus 5 passt, und kreuzen Sie an.

◯ 1.

Lieber Sascha,

1 a) danke für deine Mail!

___ b) Ich habe eine Idee für das Programm:

___ c) Was meinst du?

___ d) Mein Bruder und ich sind in einer Band und könnten bei der Feier auftreten.

___ e) Wir machen das öfter, manchmal auch den ganzen Abend.

Viele Grüße, Gaja

◯ 2.

Lieber Sascha,

___ a) Er hat ein neues Programm: „In 45 Minuten um die Welt" – und so lange dauert es auch ;-)

___ b) Meld dich einfach!

___ c) toll, dass du dich um das Programm kümmerst!

___ d) Wir könnten den Kabarettisten einladen, der vor zwei Jahren beim Sommerfest war, oder?

Viele Grüße, Frauke

7 Was bedeuten die Ausdrücke? Ordnen Sie zu.

1. aufgeführt	_1_	a) genannt
2. ausgewiesen	___	b) und
3. dankend erhalten	___	c) da sein
4. sowie	___	d) separat aufgeschrieben
5. zur Verfügung stehen	___	e) haben wir bekommen und bedanken uns dafür

8 Lesen Sie die E-Mail eines Maschinenherstellers.

a Worum geht es in der E-Mail?

◯ 1. Ein Gerät ist kaputt. ◯ 2. In einer Rechnung stimmt etwas nicht.

Sehr geehrte Damen und Herren,

Ihre Rechnung für die Reparatur unserer Maschine haben wir dankend erhalten. Allerdings enthält die Rechnung einen Fehler: Statt der aufgeführten 7 % Umsatzsteuer müssten 19 % Umsatzsteuer ausgewiesen werden. Wir bitten daher um Überprüfung sowie Korrektur der Rechnung. Für Fragen stehen wir gerne zur Verfügung.

Mit freundlichen Grüßen
Wanda Szymkowiak

b Lösen Sie die Aufgaben zur E-Mail.

1. In der Rechnung
   - ◯ a) fehlt die Umsatzsteuer.
   - ◯ b) steht die falsche Umsatzsteuer.
   - ◯ c) darf keine Umsatzsteuer stehen.

2. Der Empfänger soll
   - ◯ a) zurückrufen.
   - ◯ b) seinen Chef informieren.
   - ◯ c) die Rechnung kontrollieren und ändern.

9 Welche Betreffzeile passt zu der E-Mail?

◯ 1. Ihr Angebot ◯ 2. Auftragsbestätigung

Sehr geehrter Herr Schneider,

vielen Dank für Ihren Auftrag. Wir bestätigen hiermit, dass in der KW 27 laut unserem Angebot vom 14.05. neue Fenster im Erdgeschoss Ihres Hauses in der Kastanienstraße 15 eingebaut werden. Sollten zwischenzeitlich weitere Fragen auftauchen, stehen wir gerne zur Verfügung.

Mit freundlichen Grüßen
Chen Zhe

10 Lösen Sie die Aufgaben zur E-Mail.

	richtig	falsch
1. Die Arbeiten beginnen am 14. Mai.	◯	◯
2. Die Firma wird neue Fenster montieren.	◯	◯

11 Lesen Sie die E-Mail von Marianne und Ludger.

a Welche Sätze a–h fehlen in der E-Mail? Nicht alle Sätze passen.

Liebe Freunde,

wie in jedem Jahr möchten wir auch in diesem Sommer wieder eine kleine Reise durch Deutschland organisieren.

Marianne und ich haben uns überlegt, dass es doch schön wäre, wenn wir eine kleine Tour durch Sachsen und Sachsen-Anhalt machen würden. (1) ____ Konkret haben wir gedacht, dass wir Halle, Leipzig, Dresden, Weimar besuchen und vielleicht auch einen Ausflug in die Natur machen, in eine Region, die Sächsische Schweiz heißt. Aber da müssen wir mal schauen, ob die Zeit dafür reicht. (2) ____ Bitte gebt doch kurz Bescheid.

Im letzten Jahr waren wir ja im August unterwegs. Das geht in diesem Jahr leider nicht, weil die Ferien bei uns sehr früh anfangen, nämlich Ende Juni, und wir deshalb unseren Urlaub im Juli nehmen müssen. (3) ____ Wie sieht es denn bei euch aus? Könntet ihr in diesem Monat? (4) ____

Wegen der Übernachtungsmöglichkeiten melde ich mich noch einmal, sobald ich eure Rückmeldungen habe. (5) ____ Im letzten Jahr bei unserer Tour an die Nordsee haben wir ja ganz tolle Spieleabende gemacht und ihr hattet auch Musikinstrumente dabei. Dazu dann aber demnächst mehr.

(6) ____

Ganz viele Grüße
Marianne und Ludger

a) Aber vielleicht ist die Zeit auch zu knapp dafür.
b) Außerdem ist natürlich die Frage, ob euch das überhaupt interessiert.
c) Dann schreiben wir euch auch, ob ihr etwas mitbringen könnt.
d) Es wäre super, wenn ihr vielleicht auch im Juli Zeit hättet.
e) Wir freuen uns auf eure Antworten!
f) Wir glauben, die Ecke kennt ihr noch nicht, oder?
g) Könnt ihr auch im Juni Urlaub nehmen?
h) Und wenn ja, wie lange?

TIPP Achten Sie bei dieser Aufgabe besonders auf die Anschlüsse und Bezüge in den Antwortmöglichkeiten, z. B. *aber* (Widerspruch), *außerdem*, *und* (zusätzliche Information bzw. Frage). Manchmal ist es auch hilfreich, nicht nur den Text bis zu einer Lücke zu lesen, sondern auch den Satz nach der Lücke. Das kann Ihnen helfen, den Zusammenhang besser zu verstehen.

b Lösen Sie die Aufgaben zu der E-Mail.

	richtig	falsch
1. Marianne und Ludger wollen alleine verreisen.	○	○
2. Sie schlagen eine Wanderung in der Natur vor.	○	○
3. Die Freunde sollen schreiben, wohin sie fahren möchten.	○	○
4. Letztes Jahr waren die Freunde im August im Urlaub.	○	○
5. In diesem Jahr müssen sie in einem anderen Monat fahren.	○	○
6. Marianne und Ludger haben schon Hotels vorgeschlagen.	○	○
7. Die Freunde sollen schreiben, was sie mitbringen wollen.	○	○
8. Im letzten Urlaub haben die Freunde abends gespielt.	○	○
9. Marianne und Ludger wollen im nächsten Urlaub Musik machen.	○	○

12 Lesen Sie die Antwort-Mail von Isa und Wenbo.

a Welches Wort passt jeweils in die Lücke?

Liebe Marianne, lieber Ludger,

vielen Dank für eure E-Mail! Wir freuen uns sehr, (1) ____ wir auch in diesem Jahr wieder gemeinsam einen Ausflug machen werden.

Natürlich wären wir sehr gerne dabei. Allerdings müssen wir noch schauen, (2) ____ wir im Juli Urlaub nehmen können. Wahrscheinlich wird es klappen, (3) ____ ganz sicher können wir es erst übernächste Woche sagen, (4) ____ wir von unseren Vorgesetzten eine Rückmeldung bekommen haben.
In Dresden und Leipzig waren wir tatsächlich noch nie, (5) ____ würden wir gerne dort hinfahren. Nach Weimar müssen wir nicht unbedingt, (6) ____ wir die Stadt vor ein paar Jahren mal mit einer Reisegruppe besucht haben. Weimar ist natürlich sehr interessant, (7) ____ würden wir lieber etwas Neues sehen. Einen Ausflug in die Natur fänden wir zwar auch schön, (8) ____ ehrlich gesagt interessieren uns Städte mehr. Und ihr wisst ja: Die Zeit ist so schon immer sehr knapp, auch dann, (9) ____ wir wieder wie letztes Jahr eine ganze Woche miteinander verbringen. Die Anreise und die Abreise sind auch immer ein bisschen anstrengend, (10) ____ wir ja meist mit dem Zug fahren und uns unterwegs ausruhen können. Oder wir nehmen wieder unsere Gitarren mit und spielen unterwegs etwas, (11) ____ ihr versucht zu schlafen ;-)

Also, wir würden gerne nur Städte besichtigen. Warten wir mal ab, (12)____ die anderen dazu meinen.

Viele Grüße
Isa & Wenbo

1. ◯ a) dass ◯ b) damit
2. ◯ a) obwohl ◯ b) ob
3. ◯ a) aber ◯ b) oder
4. ◯ a) bevor ◯ b) nachdem
5. ◯ a) deshalb ◯ b) indem
6. ◯ a) weil ◯ b) bis
7. ◯ a) dennoch ◯ b) deshalb
8. ◯ a) aber ◯ b) denn
9. ◯ a) wenn ◯ b) während
10. ◯ a) obwohl ◯ b) weil
11. ◯ a) trotzdem ◯ b) während
12. ◯ a) was ◯ b) wie

b Lösen Sie die Aufgaben zur E-Mail.

1. Isa und Wenbo
   - ◯ a) kommen auf jeden Fall mit.
   - ◯ b) haben nur im August Zeit.
   - ◯ c) wissen noch nicht, ob Sie mitkommen können.
2. Weimar
   - ◯ a) haben Isa und Wenbo schon gesehen.
   - ◯ b) finden Isa und Wenbo interessanter als Dresden.
   - ◯ c) möchten Isa und Wenbo auch in diesem Jahr besuchen.
3. Isa und Wenbo
   - ◯ a) finden einen Ausflug in die Natur langweilig.
   - ◯ b) würden lieber in die Natur als in die Stadt.
   - ◯ c) glauben, dass zu wenig Zeit für einen Ausflug in die Natur ist.
4. Isa und Wenbo
   - ◯ a) finden den Urlaub mit den Freunden immer anstrengend.
   - ◯ b) möchten während der Fahrt nicht schlafen.
   - ◯ c) haben manchmal ihre Musikinstrumente auf der Reise dabei.

13 Lesen Sie die E-Mail und notieren Sie die Informationen zu den Stichpunkten.

Liebe Freunde,

erst einmal vielen Dank, dass ihr so schnell geantwortet habt! Wie ihr gesehen habt, gab es mehrere Vorschläge, aber die meisten wollten doch gerne eine Städtereise machen. Leider können Konrad und Isabell nicht mitkommen, weil sie im Juli keinen Urlaub nehmen können. Sonst sind aber alle dabei.

Wir haben jetzt auch schon eine konkrete Reise gebucht. Am 15. Juli werden wir uns morgens um 7:30 Uhr am Kölner Hauptbahnhof treffen, am besten am Eingang Richtung Dom. Ich glaube, den kann man nicht verfehlen. Unser Zug fährt dann um 7:53 Uhr los. Zuerst geht es für uns nach Leipzig. Wir fanden Weimar zwar auch sehr interessant, aber ein paar von uns waren schon einmal dort, und Leipzig ist für uns alle neu. Ein Programm wird es dort nicht geben. Das einzige, was alle auf jeden Fall sehen wollen, ist die Nikolaikirche. Ansonsten schauen wir spontan, wie das Wetter ist und überlegen dann, was wir machen. Natürlich sollten wir aber in den berühmten „Auerbachs Keller" gehen, dort habe ich auch schon einen Tisch für den 16. Juli reserviert. Ich bin wirklich gespannt, wie das Essen da schmeckt. Anschließend fahren wir dann am 18. Juli weiter nach Dresden. Da gibt es natürlich tolle Sehenswürdigkeiten. Wir werden auf jeden Fall das Schloss und die Semperoper anschauen und dort auch an einer Führung teilnehmen.

Ach so: Wir werden in beiden Städten in kleinen Pensionen im Zentrum übernachten, die waren günstiger als Hotels. Apropos „günstiger": pro Person wird die Reise etwa 200 € für die Fahrt und die Übernachtung kosten. Ich hoffe, das ist okay?

Am 21. Juli geht es dann wieder zurück nach Köln, wenn alles klappt, werden wir um 19:36 Uhr wieder am Hauptbahnhof ankommen.

Wir freuen uns schon jetzt darauf, euch alle zu sehen!

Liebe Grüße
Marianne und Ludger

TIPP Um Notizen zu machen, lesen Sie zuerst die Fragen unten. Überlegen Sie bei jeder Frage: Um welches Thema geht es? Was wird gesucht? Achten Sie dann beim Lesen auf das entsprechende Thema bzw. die Detailinformation, z. B. „Wann Abfahrt?" → Sie müssen ein Datum / eine Uhrzeit notieren.

Einzelheiten zur Reise der Freunde

1. Wann Abfahrt? ______________________
2. Treffpunkt? ______________________
3. Wann Rückkehr? ______________________
4. Wie / Womit reisen? ______________________
5. Wohin reisen? ______________________
6. Was besichtigen? ______________________
7. Was machen? ______________________
8. Wo übernachten? ______________________
9. Essen / Trinken? ______________________
10. Kosten? ______________________
11. Wer bleibt zu Hause? ______________________

16 Cartoons

1 Wortschatz

a Schreiben Sie die Wörter richtig und ergänzen Sie ggf. den Artikel.

1. komisch mischko	4. ______ ernts	7. ______ morHu
2. ______ amsantü	5. ______ chenla	8. ______ lusigt
3. ______ tzwiig	6. ______ nielro	9. ______ tzWi

TIPP Der Wortschatz in dieser Übung ist anspruchsvoll, aber das Lösen der Aufgabe wird durch diese Tipps etwas leichter: Übersetzen Sie die Begriffe links zuerst in Ihre Muttersprache. Achten Sie darauf, dass in den Erklärungen manchmal ein Wort verwendet wird, das so ähnlich wie der Begriff links ist bzw. eine ähnliche Bedeutung hat. Außerdem müssen Sie die Aufgabe nicht der Reihe nach bearbeiten, sondern Sie können erst die Erklärungen zuordnen, die Sie schon kennen.

b Welche Erklärung passt? Lesen Sie und ordnen Sie zu.

1. der Cartoon	____ a)	So nennt man es, wenn man z. B. mit der doppelten Bedeutung von Wörtern spielt – oft, um einen Witz zu machen.
2. der Comic	____ b)	So nennt man eine einzelne Zeichnung, oft mit kurzem Text, in der eine Szene zu sehen ist. Meist sind diese sehr kurzen „Geschichten“ lustig.
3. der Humor	____ c)	Wenn man etwas nicht wörtlich meint, meist ist es eine feine Form von Humor. Beim Sprechen hört man es oft an der Betonung eines Wortes.
4. die Sprechblase	____ d)	Das ist ein Spiel, bei dem man ein Wort erraten muss.
5. die Ironie	____ e)	Eine Eigenschaft, die Personen, aber auch Geschichten zugeschrieben wird: Man kann über etwas lachen, man hat witzige Ideen.
6. das Wortspiel	____ f)	So nennt man eine „gezeichnete Geschichte“ in mehreren bzw. vielen Bildern. Es gibt Bücher und Hefte mit solchen Geschichten, und es heißt dann auch ...-Buch oder ...-Heft.
7. das Worträtsel	____ g)	In einem Cartoon / Comic steht darin das, was die Personen sagen.

2 Lösen Sie die Aufgaben zum ersten Cartoon.

a Welches Wort passt nicht in die Reihe? Streichen Sie es durch.

1. ein Buch ... *halten / kaufen / kochen / lesen*
2. *Großmutter / Großtante / Oma / Omi*
3. *entgegen / falsch / richtig / verkehrt*
4. *langweilig / prima / super / toll*

b Sehen Sie sich den Cartoon an. Welche Sätze passen am besten in die Lücken?

[Schön, dass du dich so freust! • Du hältst es verkehrt herum ... • Oh, ein Buch! • Was ist das?]

1. ____________________
Super, Oma. Danke!

2. ____________________
____
____

3 Lösen Sie die Aufgaben zum zweiten Cartoon.

a Welche Wörter passen zu den zwei Bedeutungen? Ordnen Sie zu.

[Bank • Pension • Schloss]

1. ____________________: darauf kann man sitzen *oder* ein Geldinstitut
2. ____________________: ein großes Gebäude (z. B. von Königen) *oder* etwas, um z. B. eine Tür abzuschließen
3. ____________________ ein kleines einfaches Hotel *oder* ein anderes Wort für „Rente“

b Was ist ein „Tischfeuerwerk“? Lesen Sie und unterstreichen Sie die richtigen Wörter.

Man stellt es zu Silvester auf einen (1) *Boden / Tisch*, zündet es an, und es kommt meist (2) *Konfetti / ein Möbelstück* heraus.

c Sehen Sie sich den Cartoon an. Was ist richtig? Kreuzen Sie an.

◯ 1. Das ist ein Wortspiel.
◯ 2. Das ist ein Worträtsel.

4 Welche Beschreibung passt zu welchem Cartoon (2 oder 3)? Ordnen Sie zu.

____ a) Ich finde den Cartoon am witzigsten, in dem es um moderne Technik geht – und dass Kinder „ältere“ Medien gar nicht mehr kennen.

____ b) Die beiden Personen sehen etwas enttäuscht aus, weil sie etwas anderes erwartet haben – aber ich finde es einfach lustig.

17 Gedichte

1 Was bedeuten die Wörter? Lesen Sie und ordnen Sie zu.

1. das Gedicht	_____	a)	ein anderes Wort für „Dichter" bzw. „Dichterin"
2. der Vers	_____	b)	So nennt man es, wenn Wörter am Wortende gleich klingen.
3. die Lyrik	_____	c)	Damit bezeichnet man in einem Text eine einzelne „Reihe".
4. die Zeile	_____	d)	Ein Text, der oft aus mehreren Strophen besteht. Häufig reimen sich Wörter in einem solchen Text.
5. der Reim	_____	e)	Das sind in einem Gedicht mehrere Zeilen, die zusammengehören.
6. die Melodie	_____	f)	So nennt man in einem Gedicht eine Zeile, die bestimmten Regeln der Dichtkunst folgt.
7. der Dichter, die Dichterin	_____	g)	Das ist ein Wort für die Textsorte „Gedichte".
8. die Strophe	_____	h)	Das Wort kennt man aus der Musik, in einer Sprache meint man damit den Klang z. B. eines Satzes.
9. der Lyriker, die Lyrikerin	_____	i)	So heißt eine Person, die Gedichte schreibt. Ein anderes Wort ist „Lyriker" bzw. „Lyrikerin".

2 Welche Wörter reimen sich? Kreuzen Sie an.

1. Haus ◯ a) Mauer ◯ b) Maus
2. lachen ◯ a) Fach ◯ b) machen
3. träumen ◯ a) Leute ◯ b) versäumen
4. blau ◯ a) Frau ◯ b) Junge
5. schreiben ◯ a) bleiben ◯ b) texten
6. Fluss ◯ a) Floß ◯ b) Genuss
7. Lied ◯ a) riet ◯ b) sang
8. Herz ◯ a) Schmerz ◯ b) verschmerzen
9. Geld ◯ a) Schein ◯ b) Welt

3 Lesen Sie das Gedicht von Christian Morgenstern.

a Welches Wort passt in die Lücke? Ergänzen Sie.

[arbeiten • bleiben • leben • wohnen]

Warum wir immer noch Verse schreiben?
Um unbekannt und ungestört zu ______________________.

b Was denken Sie: Was ist der Titel des Gedichts?

◯ 1. Wir Leser ◯ 2. Wir Lyriker

c Welche Beschreibung passt am besten zu dem Gedicht? Lesen Sie und kreuzen Sie an.

◯ 1. Mein Lieblingsgedicht hat zwei Strophen, und handelt davon, dass jemand in seinem Schlaf gestört wird. Es ist ein ernstes Gedicht.

◯ 2. Mein Lieblingsgedicht hat nur zwei Zeilen. Es geht darum, weshalb Dichter überhaupt Lyrik schreiben. Es ist mit Ironie geschrieben.

4 Lesen Sie das Gedicht von Christian Morgenstern.

a Welche Wörter aus dem Kasten passen in die Lücken? Ergänzen Sie.

Abnehmen • Beruf • Gegenstand • hätt

Der Mond

Als Gott den lieben Mond erschuf,
gab er ihm folgenden (1) ____________________:

Beim Zu- sowohl wie beim (2) ____________________
sich deutschen Lesern zu bequemen,

ein [A] formierend und ein [Z] -
daß keiner groß zu denken (3) ____________________.

Befolgend dies, ward der Trabant
ein völlig deutscher (4) ____________________.

erschaffen = gehoben für „machen"
formierend = hat die Form von / sieht aus wie
Trabant = ein anderes Wort für „Mond"

b Lesen Sie das Gedicht noch einmal und lösen Sie die Aufgabe.

	richtig	falsch
Es wird ironisch der Grund dafür beschrieben, dass der Mond zu- und abnimmt.	○	○

5 Lesen Sie das Gedicht von Eduard Mörike. Notieren Sie, welche Wörter aus dem Gedicht gemeint sind. Die Zeilennummern helfen Ihnen.

1. etwas zur Dekoration (Z. 1) = ____________________
2. es bedeutet „fliegen" (Z. 2) = ____________________
3. ohne Ziel gehen (Z. 4) = ____________________
4. eine Blume (Z. 5) = ____________________
5. alt für „Hör!" (Z. 7) = ____________________
6. gehört / gesehen (Z. 9) = ____________________

Er ist's

Frühling lässt sein blaues Band
Wieder flattern durch die Lüfte;
Süße, wohlbekannte Düfte
Streifen ahnungsvoll das Land.
Veilchen träumen schon,
Wollen balde kommen.
- Horch, von fern ein leiser Harfenton!
Frühling, ja du bist's!
Dich hab ich vernommen!

6 Zu welchem Gedicht (4 oder 5) passt die Meinung? Ordnen Sie zu.

_____ Ich mag an dem Gedicht besonders die Wortwahl, der Beginn dieser schönen Jahreszeit wird mit ganz tollen Bildern beschrieben und ich kann beim Lesen alles ganz lebendig sehen, hören und riechen.

18 Kurzgeschichten

1 Eine Kurzgeschichte mit dem Titel „Aufbruch".

a Lesen Sie und markieren Sie die richtigen Wörter.

Zu dem Nomen „Aufbruch" passt das Verb (1) *aufbrechen / einbrechen*. Es ist (2) *ein / kein* trennbares Verb und es bedeutet, dass man (3) *losgeht / stehenbleibt*, um an einen anderen Ort zu reisen.

b Wovon handelt die Geschichte? Verbinden Sie die Sätze. Welche Vermutung könnte stimmen?

1. Ich denke, die Geschichte handelt	_____	a)	nach dem Moment, wenn alle Gäste einer Geburtstagsfeier nach Hause müssen.
2. Der Titel klingt	_____	b)	dass es in der Geschichte um eine Familie geht, die in einem anderen Land leben möchte.
3. Ich bin der Meinung,	_____	c)	von einem Kind, dass zusammen mit den Großeltern in den Urlaub fährt.

2 Was bedeutet das? Unterstreichen Sie das richtige Wort.

1. Das Wort *furchtbar / super* kann „schrecklich" bedeuten, aber manchmal bedeutet es „sehr".
2. Ein älteres und etwas gehobenes Wort für „mit" ist *mitsamt / mittig*.
3. Wenn etwas auf der anderen Seite von etwas ist, ist es *drüben / hier*.
4. Ein *Fischkutter / Rettungsboot* ist ein besonderes Boot, das Fischer benutzen.
5. Wenn man *Geld zum Fenster rauswirft / sich etwas vom Mund abspart*, spart man für eine bestimmte Sache so viel, dass man kaum noch genug zu essen hat.
6. Wenn man etwas nicht sagen oder sehen bzw. zeigen darf, ist es *geheim / langweilig*.
7. Das ältere Adjektiv *eifrig / träge* bedeutet „begeistert" oder auch „ehrgeizig".
8. Das Verb *rübermachen / sich verlaufen* bedeutet, eine Grenze zwischen zwei Ländern zu übertreten. Man hat das Wort oft für die Flucht aus der DDR nach Westdeutschland verwendet.
9. Das Gegenteil von „lustig" oder „heiter" ist *streng / witzig*.
10. Mit *Erinnerungsvermögen / Vergesslichkeit* bezeichnet man die Fähigkeit, sich zu erinnern.
11. Wenn etwas „so aussah wie …", sagt man auch „es *leuchtete / schien* so zu sein".
12. Ein anderes Wort für „unheimlich" ist *gespenstisch / traumhaft*.
13. Wenn etwas *ausgestellt / verborgen* ist, ist es versteckt und man kann es nicht sehen.
14. Ein *Schleier / Strumpf* ist ein Kleidungsstück, z. B. an einem Brautkleid, man verwendet das Wort aber auch, wenn es neblig ist und man nicht gut sehen kann.
15. Ein *Eichhörnchen / Kranich* ist ein großer Vogel, der meist in der Nähe der Küste lebt.
16. Wenn Personen auf ein Schiff bzw. ein Boot gehen, sagt man, sie gehen *an / von* Bord.

3 Lesen Sie die ersten Sätze der Kurzgeschichte und lösen Sie die Aufgaben.

Mein Großvater hatte einen kleinen Fischkutter in der Nähe von Laboe, ein kleines altes Boot, auf das er furchtbar stolz gewesen ist. „Wir haben es uns vom Mund abgespart", hat meine Großmutter immer gesagt und mir dann erzählt, wie wenig Butter es gab und dass sie das Kartoffelwasser noch für das Gemüse später benutzt hat und Großvater sich anschließend damit die Füße wusch, ehe sie es an die Blumen und an die Gemüsepflanzen in ihrem kleinen Garten geschüttet hat.

	richtig	falsch
1. Die Großeltern haben viel für das Boot gespart.	○	○
2. Die Großeltern haben die Pflanzen immer mit frischem Wasser gegossen.	○	○

4 Lesen Sie den nächsten Teil und ergänzen Sie die Wörter.

drüben • eifrig • Erinnerungsvermögen • geheimen • gespenstisch • mitsamt • rüberzumachen • schien • streng • verborgen

Großvater nahm mich eines Tages mit zu einem Ausflug, jetzt ginge das ja problemlos, hatte er gesagt, früher konnte man nicht einfach so nach (1) ____________. Er fragte mich, ob ich mich an die Geschichte erinnern würde, die er mir einmal erzählt habe, von seiner (2) ____________ Bootsfahrt, und ich nickte (3) ____________. Gut, sagte er, er wolle mir nun endlich einmal zeigen, wo das ungefähr gewesen sei. Und er blickte mich, so fand ich, ein wenig (4) ____________ an, als wolle er mein (5) ____________ prüfen. Aber Großvater hatte mir die Geschichte so oft, viel öfter als nur einmal, erzählt, sodass ich mich in allen Einzelheiten an sie erinnerte.
Die See war ruhig an dem Tag, an dem Großvater seinem Cousin und seiner Frau (6) ____________ dem Kind im Alter von drei Jahren dabei half, (7) ____________, Anfang November. Leichter Nebel (8) ____________ auf dem Wasser zu liegen, friedlich und ein wenig (9) ____________ zugleich, so still, als sei man allein in der Weite, und so undurchsichtig, als wären tausende Augen hinter einem feinen Schleier (10) ____________. Er ist nachts gefahren, natürlich sei er nachts gefahren, sagte er immer wie selbstverständlich, auch wenn ich lange nicht verstand, warum.

5 Lesen Sie den Auszug aus dem Schlussteil und lösen Sie die Aufgaben.

Ein seltsamer Laut durchdrang plötzlich die Stille, es war kaum auszumachen, aus welcher Richtung er gekommen war. Großvater schaute sich nach allen Seiten um [...]. [...] Es war ein Kranich, ein einzelner Kranich. Großvater schüttelte den Kopf. Eigentlich sollte er doch schon fort sein, auf seiner Reise gen Süden, so wie alle anderen, die sich hier mit ihm versammelt und gewartet hatten. [...] In diesem Moment, Großvater hatte sich so sehr auf das Tier konzentriert, dass er alles um sich herum vergessen hatte, drangen von der Backbordseite Stimmen von einem kleinen Floß zu ihm hoch. Benommen holte Großvater die drei an Bord, gab ihnen Decken, umarmte sie. [...]

	richtig	falsch
1. Der Großvater wird von einem Tier abgelenkt.	○	○
2. Der Cousin des Großvaters kommt mit Frau und Kind auf das Boot.	○	○

19 Kurze Meldungen

1 Lesen Sie die kurzen Nachrichten aus deutschen Zeitungen.

a Welche Überschrift passt zu welcher Nachricht? Notieren Sie.

Für Freunde des Kinos • Gesündere Mitarbeiter • Neu: Kulturticket • Sie haben die Wahl • Terminankündigung • Verkaufsoffener Sonntag

1. ______________________

Das Einkaufscenter am Elisenplatz hat am kommenden Sonntag von 10 bis 18 Uhr geöffnet. Mit der Aktion erhoffen sich die Inhaber der Geschäfte einen guten Start in die Wintersaison, nachdem die Umsätze diesen Sommer und Herbst eher niedrig waren.

3. ______________________

Am kommenden Sonntag finden die Wahlen zum Bürgermeister statt. Wir haben die Kandidatinnen und Kandidaten zu verschiedenen Themen befragt. Die Antworten und einen Faktencheck finden Sie auf Seite 5/6.

5. ______________________

Nach der Einführung von kostenlosen Gesundheitskursen für Mitarbeiter in einigen regionalen Firmen (wir berichteten) sind erste Erfolge zu verzeichnen: Die Krankschreibungen sind um knapp 25 % zurückgegangen. Weitere Ergebnisse werden kommenden Montag vorgestellt.

2. ______________________

Die Gemeinde Traubstett bietet ab dem nächsten Jahr eine Rabattkarte für den Besuch von kulturellen Einrichtungen und Veranstaltungen an. Die Gemeinde hofft, so mehr Interesse für Kinos, Museen und Theater zu wecken. Die Besucherzahlen waren in den letzten Jahren stark zurückgegangen.

4. ______________________

Jetzt schon im Kalender eintragen: Am letzten Wochenende im August findet in Kippenheim erstmals das Sommerfest der Volksmusik statt. Das Programm und weitere Informationen finden Sie ab Mitte Juli hier in Ihrer Kippenheimer Zeitung.

6. ______________________

Am kommenden Freitag beginnt das Festival „Blickpunkt Film". In allen Kinos der Stadt laufen Stummfilme sowie Filmklassiker aus den 1950er Jahren. Dauerkarten können Sie im Ticketshop der Mülheimer Zeitung erwerben, Einzelkarten gibt es in den Kinos.

b Lösen Sie die Aufgaben zu den Nachrichten.

	richtig	falsch
1. Im Einkaufscenter wurde im Sommer sehr viel verkauft.	○	○
2. Man erfährt in der Zeitung mehr über die Kandidatinnen und Kandidaten.	○	○
3. Die Mitarbeiter sind nicht mehr so oft krank.	○	○
4. Man kann mit der neuen Karte günstiger in Kinos, Museen und Theater.	○	○
5. Das Volksfest gibt es schon seit vielen Jahren.	○	○
6. Man kann auch bei der Zeitung Karten für das Festival kaufen.	○	○

20 Zeitungsartikel

1 Lesen Sie den Anfang des Artikels.

a Welche Überschrift passt am besten zu dem Artikel?

1. ◯ Bald mehr Museen in Lüdinghausen 2. ◯ Positive Bilanz des Museumstags

Gestern fand hier in Lüdinghausen zum dritten Mal der Tag des Offenen Museums statt, und wieder war die Veranstaltung ein großer Erfolg. Mehr als 4000 kulturinteressierte Besucher nutzten die Gelegenheit, alle Museen der Stadt besuchen zu können, ohne Eintritt zu zahlen – angefangen vom Stadthistorischen Museum über das Museum für Fotografie bis hin zum ganz neuen „Mathe-Museum", das sich speziell an Kinder richtet.

b Zu welcher Kategorie gehört die Meldung?

1. ◯ Internationale Nachrichten 2. ◯ Reisen 3. ◯ Lokales

c Lesen Sie die beiden Fortsetzungen. Welche passt am besten zum Anfang des Artikels?

1. In diesem neuen Museum sollen Kinder mehr über die Geschichte der Stadt lernen und dabei auch ihre eigenen Ideen einbringen oder sogar Gegenstände aus ihren Familien ausstellen. „Der Plan ist, dass Kinder in unserem Museum mitmachen können", so Heidrun Thun vom Kulturbüro der Stadt. Wann das Museum eröffnet wird, steht allerdings noch nicht fest. „Wie so oft ist die Finanzierung nicht ganz so leicht", erklärt Frau Thun. Ihr Wunsch ist es aber, das neue Museum noch vor Ihrer Pensionierung zu eröffnen, und bis dahin sind es noch vier Jahre. Hoffen wir, dass sie diesen Plan umsetzen kann, denn ein Mitmachmuseum für Kinder wäre eine tolle Sache.

2. Die Organisatoren der Stadt sind zufrieden: „Es freut uns sehr, dass die Lüdinghausener das Angebot so gut angenommen haben", sagt Ralf Peters. Vor allem das Mathe-Museum sei sehr beliebt gewesen. „Es wollten so viele Besucher in das Museum, dass sie zeitweise über eine Stunde auf den Einlass gewartet haben." In den Ausstellungsräumen können sich nämlich höchstens einhundert Personen gleichzeitig aufhalten, denn das Museum ist zum Mitmachen gedacht, nicht nur zum Anschauen. Und wenn nur wenige Besucher in die Räume können, dann kann auch wirklich jeder alles ausprobieren. Die Stadt überlegt bereits, ob sie nur für dieses Museum einen weiteren Museumstag mit kostenlosem Eintritt anbietet – schließlich sollen vor allem Kinder für Mathematik begeistert werden, und das scheint mit diesem Museum ja wunderbar zu gelingen.

d Lösen Sie die Aufgaben zum Artikel.

1. In Lüdinghausen konnte man
   - ◯ a) an einer Infoveranstaltung über Museen teilnehmen.
   - ◯ b) kostenlos die Museen in der Stadt besuchen.
   - ◯ c) zur Eröffnung des Museums für Fotografie gehen.
2. Das Mathe-Museum
   - ◯ a) fanden die meisten Besucher nicht interessant.
   - ◯ b) hat nur Platz für wenige Besucher.
   - ◯ c) wird demnächst eröffnet.
3. Für die Zukunft plant man
   - ◯ a) auf Eintrittsgeld in allen Museen zu verzichten.
   - ◯ b) ein weiteres Mathe-Museum zu eröffnen.
   - ◯ c) einen Museumstag nur für das Mathe-Museum.

2 Lesen Sie den Artikel und unterstreichen Sie das passende Wort.

Streikankündigung

Übermorgen, am ersten Tag der Sommerferien, wollen die Mitarbeiter der Regionalbahnen in Nordrhein-Westfalen streiken. Zwischen 6 Uhr morgens und 16 Uhr nachmittags sollen in ganz NRW keine Nahverkehrszüge (1) *fahren / laufen*, also auch keine S-Bahnen. Nun müssen viele Urlauber (2) *buchen / überlegen*, wie sie zum Flughafen kommen. Viele Reisende hatten das sogenannte Rail&Fly-Ticket (3) *gebucht / verkauft*, mit dem man bequem mit dem Zug zum Flughafen fahren kann – das geht jetzt leider nicht so (4) *einfach / schwierig* wie gedacht. Die Bahn hat angekündigt, Busse einzusetzen, (5) *ohne / um* möglichst viele Reisende zu den Flughäfen Düsseldorf und Köln (6) *abzuholen / zu transportieren*. Außerdem sollen die Fernzüge außerplanmäßig auch an den Flughäfen (7) *anhalten / einhalten*. Wie viele Reisende (8) *betroffen / geplant* sind, konnte die Bahn nicht sagen, aber eins ist sicher: Den Ferienbeginn hatten sich wohl viele anders vorgestellt.

3 Lesen Sie die beiden Richtigstellungen. Welche passt zu dem Artikel aus 2?

1. In unserem gestrigen Artikel zum Streik bei der Bahn hatte sich leider ein Fehler eingeschlichen: Die Mitarbeiter der Bahn legen die Arbeit nicht bis um sechs Uhr am Nachmittag nieder, sondern nur bis um vier Uhr. Dennoch werden Verzögerungen und Zugausfälle bis in den Abend hinein erwartet.

2. Leider ist uns bei der Berichterstattung zum Streik bei der Bahn ein Fehler unterlaufen: Zwar wird die Bahn zusätzliche Busse für die Reisenden zur Verfügung stellen, aus organisatorischen Gründen kann aber nur der Flughafen Düsseldorf angefahren werden, zum Kölner Flughafen wird es keine Busse geben.

INFO Eine Richtigstellung ist eine besondere Textsorte, die man meistens in Zeitungen findet. In einer Richtigstellung werden inhaltliche Fehler korrigiert, die es in einem Artikel gegeben hat, z. B. ein falsches Datum, ein falscher Name.

4 Lesen Sie den Artikel und bringen Sie die Sätze in die richtige Reihenfolge.

Spannende Partie in München

Am zweiten Spieltag der Ersten Fußballbundesliga kam es gestern zu dem spannenden Duell zwischen Rekordmeister Bayern München und einem der größten Konkurrenten der letzten Jahre, Borussia Dortmund.

____ a) Aber in der 23. Minute gelang den Gästen der Ausgleich, und so ging es dann auch in die Halbzeitpause.
____ b) Die Bayern setzen danach alles daran, ihrerseits in Führung zu gehen, und hatten drei gute Chancen – aber keine konnte in ein Tor verwandelt werden.
__*1*__ c) Erwartungsgemäß war das Spiel schon seit Monaten ausverkauft und die Fans freuten sich auf eine spannende Partie.
____ d) Es ging gut los für die Bayern, die im heimischen Stadion in München spielten: Bereits in der 5. Spielminute gingen sie mit 1:0 in Führung, nachdem die Dortmunder Abwehr einfach geschlafen hatte.
____ e) Nach der Pause starteten die Gäste besser. Fast wären ihnen die 2:1-Führung geglückt, aber der Ball konnte noch auf der Linie vom überragenden Torwart der Münchner gehalten werden.
____ f) So endete das Spiel unentschieden – ein gerechtes Ergebnis.

5 Lesen Sie den Zeitungsartikel.

a Lesen Sie Überschrift und den ersten Satz. Zu welcher Kategorie gehört der Artikel?

1. ◯ Sport   2. ◯ Kultur   3. ◯ Nachrichten aus der Region

Ferienzeit gleich Baustellenzeit

Kaum beginnen die Sommerferien, werden in unserer Wiesenbacher Innenstadt mehrere Baumaßnahmen durchgeführt.

b Lesen Sie den Rest des Artikels und schließen Sie die Lücken.

[Radfahren • Ferien • Frost • Baustelle • Platz • Radfahrer • Sperrung • Straßen • Umleitung • Urlaub]

Die Leiterin des Bauderzernats der Stadt, Louise Fischer, hofft, dass in den (1) ______________ nicht so viele Menschen von den Einschränkungen durch die Baustellen betroffen sein werden. „In den Ferienwochen ist es in der Innenstadt meist deutlich leerer als außerhalb der Ferien, weil viele Berufstätige (2) ______________ nehmen und mit der Familie verreisen. Deshalb legen wir die Bauarbeiten bewusst in die Ferienzeit, denn wir werden einige (3) ______________ sperren und Umleitungen einrichten müssen. Außerhalb der Ferien wären deutlich mehr Berufstätige davon betroffen, und das wollen wir gerne vermeiden." Konkret wird auf dem Rathausplatz das Pflaster erneuert, weshalb der (4) ______________ bereits ab übermorgen für den gesamten Verkehr – auch für (5) ______________ und Fußgänger – gesperrt ist. Wie lange diese (6) ______________ dauert, kann Frau Fischer noch nicht genau sagen: „Wir müssen erst abwarten, bis das alte Pflaster entfernt wurde. Wenn alles gut läuft, können wir den Platz schon in zwei Wochen wieder freigeben." Eine weitere (7) ______________ wird es auf der Rheinallee geben. Im letzten Winter ist die Straße stark vom (8) ______________ beschädigt worden, außerdem ist der Radweg zu schmal und soll nun verbreitert werden. „Wir rechnen damit, dass (9) ______________ auch in den nächsten Jahren immer attraktiver wird, da ist es sinnvoll, die Radwege anzupassen, sodass mehr Radfahrer sicher fahren können." Die Rheinallee wird ab kommender Woche zwischen dem Sinsheimer Weg und der Kölner Straße gesperrt sein. Eine (10) ______________ ist ausgeschildert, auch für Radfahrer.

c Lösen Sie die Aufgaben zum Artikel.

	richtig	falsch
1. In den Ferien sind nicht so viele Menschen in der Innenstadt.	◯	◯
2. Auf dem Rathausplatz darf man während der Bauarbeiten noch mit dem Rad fahren.	◯	◯
3. Die Radwege an der Rheinallee sind nicht breit genug.	◯	◯

21 Reportagen

1 Lesen Sie die Reportage.

a Welche Sätze fehlen in der Reportage? Ordnen Sie zu.

a) Als wir die Frage stellen, lacht sie zuerst und schüttelt dann den Kopf.
b) Am besten habe ihr gefallen, dass man so viele nette Tierhalter und Tiere trifft.
c) Dadurch ist nicht viel von dem Preisgeld übriggeblieben.
d) Das kann Frau Wieland zwar nicht bieten, aber ihre Wohnung ist immerhin recht groß und Maunzi möchte sowieso nicht an die frische Luft.
e) Dieser erste Wettbewerb war ein lokaler Wettbewerb für Haustiere aus der Stadt Weinhausen.
f) Dort ging es dem Kater recht gut – soweit das in einem Tierheim möglich ist.
g) Oder aber er denkt gerade an das besonders leckere Futter.
h) Sie schlägt die erste Seite auf, dort hat sie einen alten Zeitungsartikel eingeklebt.
i) Wer entscheidet eigentlich darüber, welche Katze die schönste ist?

Mareike Wieland ist stolz auf Maunzi. So heißt ihr sechs Jahre alter Kater, der ein weißes Fell mit schwarzen Punkten hat. „Er sieht fast aus wie ein Dalmatiner", sagt Frau Wieland, als Maunzi ins Wohnzimmer kommt. Aber natürlich ist Maunzi kein Dalmatiner, sondern eine Katze – aber keine Rassekatze. „Ich habe ihn vor etwa vier Jahren aus dem Tierheim geholt", erzählt Maunzis Besitzerin. „Er war von jemandem gefunden worden. Leider konnte der Finder aber selbst keine Haustiere halten, deshalb hat er Maunzi ins Tierheim gebracht." (1) ____ „Unser Tierheim ist zum Glück sehr groß und die Tiere werden gut versorgt. Aber natürlich ist es für alle Tiere besser, wenn sie zu liebevollen Besitzern in ihre eigene Wohnung kommen, oder vielleicht sogar in ein Haus mit Garten." (2) ____ „Er ist es gewohnt, drinnen zu bleiben, das hat man sofort gemerkt", erzählt sie. Maunzi schleicht vorsichtig um uns herum, er ist zwar neugierig, aber uns kennt er nicht und bleibt skeptisch. „Er braucht ein bisschen Zeit, wenn neue Leute hier sind", sagt Mareike Wieland.

Keine Frage, Maunzi ist ein wirklich hübsches Tier, aber trotzdem fragen wir uns, ob Frau Wieland schon immer die Idee hatte, mit ihren Haustieren zu einem Schönheitswettbewerb zu gehen. (3) ____ „Nein, ganz sicher nicht! Ich wusste ja nicht einmal, dass es solche Wettbewerbe für Tiere gibt", fügt sie hinzu, „das hat mir eine Freundin erzählt." Frau Wieland steht auf und holt ein Fotoalbum. (4) ____ „Das hier ist die Meldung aus unserer lokalen Tageszeitung, in der der Schönheitswettbewerb angekündigt

wurde – für Katzen und Hunde. Ich fand das zuerst wirklich albern, wer braucht denn so einen Wettbewerb?" Frau Wieland lacht wieder. „Aber irgendwie war ich doch neugierig, und dann habe ich Maunzi einfach angemeldet." Das war vor drei Jahren, da hatte Frau Wieland ihren Maunzi ein knappes Jahr bei sich. (5) ____ Insgesamt haben an diesem Wettbewerb 50 Tiere teilgenommen – oder genauer gesagt die Besitzer mit ihren Tieren „Und Maunzi hat den ersten Preis gewonnen!", erzählt Frau Wieland stolz. „Das hat mich natürlich sehr gefreut und es hat auch so viel Spaß gemacht, an dem Wettbewerb teilzunehmen." (6) ____ Es habe ihr so viel Spaß gemacht, dass sie Maunzi gleich für den nächsten Wettbewerb angemeldet habe. Nicht immer belegte der Kater den ersten Platz, aber er war immer unter den ersten drei. Und im vergangenen Jahr war es dann soweit: Nach vielen Wettbewerben in der Stadt, in der Region und im Bundesland hat Maunzi an einem Schönheitswettbewerb für ganz Deutschland teilgenommen – und gewonnen.

Eine Frage haben wir aber noch zu diesen Wettbewerben: (7) ____ Frau Wieland zuckt mit den Schultern. „Es gibt eine Jury, aber das ist natürlich auch immer der persönliche Geschmack. Jeder findet ja etwas anderes schön. Maunzi und ich hatten Glück, dass die meisten Jurymitglieder ihn am hübschesten fanden."

Wenn Sie denken, dass Frau Wieland nun reich ist, weil ihre Katze einen Bundeswettbewerb gewonnen hat, liegen Sie allerdings falsch: Es gibt zwar ein Preisgeld, aber Frau Wieland musste natürlich die Reisekosten für sich und Maunzi selbst bezahlen. (8) ____ „Aber für besonders leckeres Katzenfutter hat es schon noch gereicht", lacht Frau Wieland. Und Maunzi setzt sich auf ihren Schoß und schnurrt, als ob er sagen wollte, dass auch ihm die Wettbewerbe Spaß gemacht haben. (9) ____

b Welche Überschrift passt am besten zu der Reportage?

◯ 1. Die schönste Katze Deutschlands ◯ 2. Geschichten aus dem Tierheim

c Lösen Sie die Aufgaben zur Reportage.

	richtig	falsch
1. Der Kater war fast sechs Jahre im Tierheim.	◯	◯
2. Frau Wieland hat den Kater in ihrem Garten gefunden.	◯	◯
3. Ein Mitarbeiter im Tierheim hat Frau Wieland auf die Wettbewerbe aufmerksam gemacht.	◯	◯
4. Frau Wieland fand Schönheitswettbewerbe für Tiere zuerst uninteressant.	◯	◯
5. Bei der ersten Teilnahme an einem Wettbewerb war Maunzi der Sieger.	◯	◯
6. Maunzi hat nicht alle Wettbewerbe gewonnen, an denen er teilgenommen hat.	◯	◯
7. Die Haustiere werden von einer Jury bewertet.	◯	◯
8. Bei den Wettbewerben hat Frau Wieland Futter für ihren Kater gewonnen.	◯	◯

d Lesen Sie die kurzen Artikel. Welcher passt am besten zu der Reportage?

1.
▶ Heute in der Sonnheimer Zeitung:

In unserer heutigen Reportage lernen Sie Frau Wieland und ihren Kater Maunzi kennen. Beide reisen gerne quer durch Deutschland – und erleben dabei eine Menge. Was genau, können Sie auf ▶ Seite 8 in der Rubrik „Menschen und ihre Geschichten" lesen.

2.
▶ Heute in der Sonnheimer Zeitung:

Lesen Sie heute in unserer Reportage, wie Frau Wieland mit ihrem Kater eher zufällig auf Schönheitswettbewerbe aufmerksam wurde – und seitdem einen Erfolg nach dem anderen hat. Unsere Reportage auf ▶ Seite 8.

3.
▶ Heute in der Sonnheimer Zeitung:

Unsere Reporter waren wieder unterwegs, um interessante Menschen zu treffen und ihre spannenden Geschichten zu erzählen. Heute lesen Sie, wie Frau Wieland mit ihrem Rassekater zahlreiche Wettbewerbe gewonnen hat, sogar auf internationaler Ebene. Reportage auf ▶ Seite 8.

22 Wortschatz

1 Schreiben Sie die Tabelle in Ihr Heft und notieren Sie die Ausdrücke in der richtigen Spalte.

~~Da bin ich skeptisch.~~ • Das sehe ich anders. • Er glaubt, dass ... • Ich bin der Ansicht, dass .... • Ich vertrete die Ansicht, ... • Ich finde es gut, ... • Ich sehe das positiv. • Ich stimme (völlig) zu. • Ich teile diese Meinung. • Meiner Meinung nach stimmt das nicht. • Sie ist aber anderer Meinung. • Sie ist der Meinung, dass ...

seine Meinung sagen	Zustimmung ausdrücken	Ablehnung oder Widerspruch ausdrücken
		Da bin ich skeptisch.

2 Meinungen zum Thema „Elektroautos". Welche Ausdrücke aus 1 passen in die Lücken? Ergänzen Sie. Manchmal gibt es zwei Lösungen.

1. Ich bin ganz begeistert! ______________________________, dass es umweltfreundliche Alternativen gibt.
2. Ob Elektroautos die Benzinmotoren wirklich verdrängen werden? ______________________________. Schließlich haben Elektroautos keine so große Reichweite und sind recht teuer.
3. Mein Mann findet Elektroautos super. Und ich? Ganz ehrlich: ______________________________. Das sehe ich ganz genau so wie er.
4. Elektroautos? ______________________________, dass man ganz auf Autos verzichten sollte. Mehr Busse und Leihfahrräder, das ist die Zukunft im Straßenverkehr.
5. Viele meinen ja, dass es in Zukunft nur noch Elektroautos auf den Straßen geben wird. ______________________________ Größere Fahrzeuge wie Transporter oder Lkws kann man doch gar nicht mit Elektromotor antreiben, weil der Motor zu schwach ist.
6. Ich habe mich gestern mit meiner Schwester über das Thema unterhalten. ______________________________ Elektroautos noch zu teuer sind. Sonst würde sie sich eines kaufen.
7. Ein interessantes Thema! ______________________________ es in den Innenstädten bald nur noch Elektroautos geben wird, die sind doch auch viel praktischer im Stadtverkehr.

23 Meinungen zu einem Thema

1 Lesen Sie die Meinung.

a Welches Wort passt jeweils in die Lücke?

[fände • finde • gemacht • glaube • nach • vertrete]

Wolfgang (45)

Ich habe die Erfahrung (1) ____________________, dass Kinder heutzutage fast immer ein Smartphone in der Hand haben, sogar auf dem Schulhof. Das (2) ____________________ ich wirklich nicht gut! Für die Augen ist das doch schlecht, wenn Kinder den ganzen Tag auf einen Bildschirm gucken. Aber ich (3) ____________________ auch, dass es noch andere Probleme gibt.

Meiner Meinung (4) ____________________ lernen Kindern nicht mehr richtig zu kommunizieren, wenn alles immer über das Smartphone läuft. Ich (5) ____________________ es wichtiger, wenn sie mit ihren Freunden reden würden, statt immer das Smartphone zu benutzen. Ich (6) ____________________ die Ansicht, dass Kinder noch kein Smartphone brauchen.

b Um welches Thema geht es? Kreuzen Sie an.

1. ◯ Lernen mit dem Smartphone 2. ◯ Smartphonenutzung von Kindern

2 Lesen Sie die weiteren Meinungen.

a Welche Sätze passen am besten in die Lücken? Nicht alle Sätze passen.

Beatrice (34)

Was soll ich machen? Meine Tochter ist acht Jahre alt, aber wenn sie kein eigenes Handy hätte, würde sie sich ausgeschlossen fühlen. (1) ____________________ Man verabredet sich über das Handy, man unterhält sich in den Pausen über Videos, die man online gesehen hat – das gehört heute halt einfach zur Kindheit dazu.

Adrian (10)

Am meisten benutze ich den Messenger, darüber schreibe ich mit meinen Freunden oder tausche Videos aus oder Sprachnachrichten. Außerdem haben wir im Messenger Gruppen für die Hausaufgaben, eine Gruppe für jedes Fach, und wenn jemand eine Frage hat, kann man sie in der Gruppe stellen und meist weiß auch irgendjemand die Antwort. (2) ____________________ Ich finde es super. Zum Telefonieren benutze ich mein Handy ehrlich gesagt kaum.

a) Alle Kinder in ihrer Klasse haben ein Handy, da kann sie doch nicht als Einzige ohne eins dastehen.
b) Das finden Kinder doch ganz toll, wenn sie ungestört telefonieren können.
c) Das ist doch viel praktischer als alle nacheinander anzurufen.

b Lösen Sie die Aufgaben zu den Meinungen.

	richtig	falsch
1. Beatrice findet Smartphones für Kinder sinnvoll.	◯	◯
2. Adrian findet das Smartphone zum Lernen praktisch.	◯	◯

3 Lesen Sie den Kommentar.

a Welches Wort passt jeweils in die Lücke?

Ein Leser schrieb vor 1 Tag:

Ich bin Lehrer an einer Grundschule, und die Benutzung von Smartphones ist inzwischen ein echtes (1) ______. Die Schülerinnen und Schüler können sich (2) ______ konzentrieren. Sie sind es gewohnt, alle paar Minuten oder noch öfter zum Smartphone zu greifen, (3) ______ eine Nachricht kommt oder sie mal eben schnell was nachgucken wollen. Das ist schwierig, (4) ______ ohne Konzentration kann man ja nicht gut lernen. Mir wäre es lieber, (5) ______ das Smartphone keine so große Rolle spielen würde – egal (6) ______ bei Kindern oder Erwachsenen.

1. ◯ a) Geschenk ◯ b) Problem
2. ◯ a) kaum noch ◯ b) noch wenig
3. ◯ a) obwohl ◯ b) weil
4. ◯ a) aber ◯ b) denn
5. ◯ a) falls ◯ b) wenn
6. ◯ a) ob ◯ b) wie

b Welche Meinung hat der Leser? Kreuzen Sie an.

◯ Er findet Smartphones im Unterricht positiv.

◯ Er steht Smartphones skeptisch gegenüber.

4 Bringen Sie den Text in die richtige Reihenfolge.

Fernbus oder Zug? Erfahrungen und Meinungen unserer Leserinnen und Leser

Vor ein paar Wochen bin ich zum ersten Mal mit dem Fernbus gefahren, von Greifswald nach Dresden. Zuerst das Gute:

_____ a) Aber das war's leider auch schon mit den Vorteilen. Zuerst kam der Bus eine halbe Stunde zu spät, das fand ich aber noch gar nicht so schlimm.

_____ b) Also sind wir insgesamt anderthalb Stunden zu spät abgefahren.

_____ c) Beim nächsten Mal zahle ich lieber wieder mehr für die Fahrkarte und nehme den Zug, das finde ich persönlich viel bequemer.

_____ d) Dann meinte der Fahrer, dass er erst eine Stunde Pause machen müsse, ehe wir losfahren könnten!

_____ e) Das war für mich wirklich blöd, weil ich noch ein wenig arbeiten und dringend Dateien per E-Mail verschicken musste.

_____ f) Im Bus war nicht viel Platz, und alle Plätze waren besetzt. Und dann ging das WLAN nicht!

__1__ g) Wirklich positiv war der Preis – nicht einmal die Hälfte von dem, was die Zugfahrt gekostet hätte.

5 Lösen Sie die Aufgaben zum Text.

	richtig	falsch
1. Die Busfahrkarte war günstiger als ein Zugticket.	◯	◯
2. Der Bus war ausgebucht.	◯	◯
3. Im Bus konnte man kostenlos ins Internet.	◯	◯

6 Lesen Sie den Zeitungsartikel.

a Welche Sätze passen am besten in die Lücken?

Mehrsprachige Erziehung

Mehrsprachigkeit ist ein Thema unserer Zeit und für viele Eltern in Deutschland ist es wichtig, dass ihre Kinder möglichst früh eine Fremdsprache lernen. Ist das immer im Interesse der Kinder? (1) ______

Der Psychologe Reinhard Tölpel warnt davor, dass die Kinder schon früh gestresst sein könnten, wenn die Eltern zu viel erwarten. „Kinder sind neugierig und lernen meist auch gerne, aber trotzdem sollten die Eltern vorsichtig sein und ihren Nachwuchs nicht überfordern." Reinhard Tölpel sieht zwar auch die Vorteile einer mehrsprachigen Erziehung, gibt aber zu bedenken, dass bestimmte Voraussetzungen erfüllt sein müssen, damit Kinder überhaupt eine Fremdsprache lernen wollen: „Es hilft, wenn eine vertraute Person die Sprache spricht, zum Beispiel ein Großelternteil. Und auch ganz wichtig: (2) ______ Dann wollen sie die Sprache gar nicht lernen und es entsteht zusätzlicher Stress. In der Schule wollen diese Kinder dann vielleicht auch keine Fremdsprache lernen, weil sie negative Erfahrungen gemacht haben. (3) ______ Meines Erachtens sollten Kinder zuerst nur eine Sprache richtig lernen, für Fremdsprachen ist auch später noch Zeit."

Angelika Rauh vom Verband für Mehrsprachigkeit sieht es nicht so kritisch: „Wir haben sehr gute Erfahrungen mit mehrsprachiger Erziehung gemacht. Das fördert auch die Kreativität in anderen Bereichen und nicht zuletzt die Fähigkeiten zur Kommunikation. (4) ______ Natürlich ist es richtig, dass die Eltern selbst die Fremdsprache mögen und beherrschen sollten, aber das ist doch eigentlich selbstverständlich, oder? Wenn Eltern Informationen zu diesem Thema brauchen, können sie die übrigens auch bei uns kostenlos online bekommen."

Christa dos Rosas berichtet schließlich aus der Praxis, denn ihre Tochter ist mehrsprachig aufgewachsen. „Mein Mann kommt aus Schottland, ich komme aus Mexiko, und jetzt leben wir schon seit über zehn Jahren in Deutschland", erzählt sie lachend. „Klar wollten wir unsere Tochter mehrsprachig erziehen, aber wir hatten auch viele Fragen dazu und haben uns zuerst gründlich informiert. (5) ______ Das hat auch super geklappt. Für unsere Tochter war immer klar, mit wem sie welche Sprache spricht, wir waren da sehr konsequent. (6) ______ Ich bin überzeugt, dass ihr die Mehrsprachigkeit im Beruf und im Leben helfen wird."

a) Dann haben wir es so gemacht, dass ich mit meiner Tochter nur Spanisch gesprochen habe und mein Mann nur Deutsch.
b) Das ist in der heutigen Zeit doch Gold wert.
c) Eltern sollten sich deshalb gut überlegen, ob sie ihre Kinder mehrsprachig erziehen wollen.
d) Nun spricht sie beide Sprachen und lernt in der Schule auch Englisch.
e) Wenn die Eltern die Fremdsprache selbst nicht so gerne sprechen oder sich ein Elternteil in der Fremdsprache nicht sicher fühlt, überträgt sich das auf die Kinder.
f) Wir haben Experten nach ihrer Meinung gefragt.

b Lösen Sie die Aufgaben zum Text.

	richtig	falsch
1. Herr Tölpel denkt, dass manche Kinder überfordert sein könnten.	○	○
2. Frau Rauh findet Kreativität wichtiger als Fremdsprachen.	○	○
3. Der Verband für Mehrsprachigkeit bietet Kurse für Eltern an.	○	○
4. Frau dos Rosas stand einer mehrsprachigen Erziehung skeptisch gegenüber.	○	○
5. Herr dos Rosas hat mit seiner Tochter immer Englisch gesprochen.	○	○

24 Rezensionen und Meinungen zu Dienstleistungen und Produkten

1 Lesen Sie die Kundenmeinungen zu einer Hausratversicherung.

a Welches Wort passt jeweils in die Lücke? Nicht alle Wörter passen.

[braucht • besser • bezahlt • billiger • durfte • erreichen • gegangen • gefunden • gemacht • kompetent • lösen • niedrig • schlecht • teurer • wollte • wurde]

Lydia aus Neustadt:

Ich kann jedem raten, diese Versicherung abzuschließen. Erstens ist der Versicherungsbeitrag sehr (1) _________________ und zweitens ist der Service ganz toll. Darauf kommt es bei einer Versicherung ja an. Man erreicht rund um die Uhr jemanden und die Mitarbeiter sind sehr (2) _________________.

Giorgio aus Ingelheim:

Meine Erfahrungen sind teils gut und teils (3) _________________. Gut ist das Online-Kundenkonto, es ist sehr übersichtlich und man findet sofort alles, was man (4) _________________. Auch der Preis ist völlig in Ordnung. Aber jetzt zu den Nachteilen: Wir hatten einen Wasserschaden in der Wohnung, und die Versicherung (5) _________________ zuerst nicht zahlen. Das war natürlich ärgerlich. Jetzt haben wir zwar eine Lösung (6) _________________, aber es hat sehr lange gedauert und viele Nerven gekostet. Fazit: Lieber eine andere Versicherung testen.

Nuray aus Passau:

In Zukunft mache ich einen großen Bogen um diese Versicherung. Nachdem am Anfang alles passte (günstig, Vertrag kam schnell per E-Mail), (7) _________________ es in den letzten Monaten sehr nervig: Die Versicherung hat den Beitrag dreimal (!) abgebucht. Als ich angerufen habe, ist niemand ans Telefon (8) _________________. Auf meine E-Mails kam dann nach einer Woche endlich eine Antwort. Ein Mitarbeiter hat versprochen, das Problem zu (9) _________________. Und was ist passiert? Nichts. Finger weg von dieser Versicherung!

Clifford aus Görlitz:

Ich war skeptisch, weil es eine reine Online-Versicherung ist und ich in der Vergangenheit schlechte Erfahrungen damit (10) _________________ habe. Meine letzte Versicherung war sehr teuer und ich konnte außerdem nie jemanden (11) _________________. Umso mehr habe ich mich gefreut, dass das hier alles viel (12) _________________ lief. Im Chat oder per Messenger war immer ein Mitarbeiter erreichbar, sogar sonntags! Das ist wirklich perfekter Service. Die Versicherung ist zwar nicht die günstigste, aber noch immer (13) _________________ als meine letzte.

b Welche Kunden empfehlen die Versicherung? Notieren Sie.

____

c Lösen Sie die Aufgaben zu den Meinungen.

1. Lydia
   - ◯ a) findet die Versicherung zu teuer.
   - ◯ b) ist der Meinung, dass sie gut beraten wird.
   - ◯ c) ist mit dem Kundenservice unzufrieden.
2. Giorgio
   - ◯ a) empfiehlt die Versicherung, obwohl er ein paar Probleme hatte.
   - ◯ b) hatte Probleme mit dem Online-Konto.
   - ◯ c) musste mit der Versicherung lange über einen Schaden diskutieren.
3. Nuray
   - ◯ a) hat den Vertrag nicht bekommen.
   - ◯ b) hatte gleich zu Beginn Probleme.
   - ◯ c) war zuerst zufrieden.
4. Nuray
   - ◯ a) hat aus Versehen zu viel Geld überwiesen.
   - ◯ b) hat bis heute keine Lösung für ihr Problem.
   - ◯ c) wurde von einem Mitarbeiter angerufen.
5. Clifford
   - ◯ a) fand seine letzte Versicherung günstig.
   - ◯ b) hatte schlechte Erfahrungen mit seiner letzten Versicherung.
   - ◯ c) war mit seiner letzten Versicherung zufrieden.
6. Clifford
   - ◯ a) findet, dass er zu viel Geld für die Versicherung zahlt.
   - ◯ b) gibt lieber mehr Geld für guten Service aus.
   - ◯ c) konnte bei dieser Versicherung am Wochenende niemanden erreichen.

2 Lesen Sie die Bewertungen für einen Schreibtischstuhl. Schreiben Sie die Tabelle in Ihr Heft und ergänzen Sie die Informationen.

1. ★★★ **Licht und Schatten** *von schreibtischtaeter2341*
Der Preis ist unschlagbar, die Lieferung war schnell, der Aufbau einfach. Aber bequem ist das Ding nicht, nach einer Stunde tut mir alles weh. Und man kann die Lehne auch nicht verstellen. Ich würde diesen Stuhl nicht noch einmal kaufen.

2. ★★★★ **für den Preis super** *von username0815*
Günstiger geht es wohl nicht. Und für diesen Preis darf man halt keinen Luxus erwarten. Man kann an dem Stuhl nicht viel verstellen, und die Polster sind auch recht dünn. Sitz, Rückenlehne und Kopfstütze sind aber sehr bequem! Was will man mehr? Jederzeit wieder!

3. ★★★ **insgesamt okay** *von arbeitsbiene*
Es ist halt ein sehr einfacher Schreibtischstuhl. Wenn man den ganzen Tag darauf sitzen muss, ist das nicht optimal, da wäre mehr Polsterung schön und ich würde auch gerne die Rückenlehne verstellen können – das geht aber bei diesem Modell nicht. Für mich ist das okay, aber trotzdem würde ich ein anderes Modell bestellen, wenn ich wieder einen Schreibtischstuhl brauche.

	Was ist positiv?	Was ist negativ?	Empfehlung? (ja/nein)
1.			
2.			
3.			

25 Zeitungs-Kommentar

1 Lesen Sie den Kommentar.

a Unterstreichen Sie jeweils das richtige Wort.

Braucht Feldhausen einen größeren Bahnhof?

von Martina Redsam

Der jetzige Bahnhof ist über 60 Jahre alt und wurde vor über 20 Jahren zum letzten Mal renoviert. (1) *Damals / Demnächst* wurde der Zugang mit einem Aufzug ausgestattet und die Halle wurde modernisiert. (2) *Aber / Oder* eines hat sich nicht verändert: Es gibt noch immer nur einen Bahnsteig mit zwei Gleisen in Feldhausen.

Vor allem im (3) *kommenden / letzten* Jahrzehnt ist Feldhausen durch das neue Industriegebiet am Stadtrand und die günstigen Immobilienpreise gewachsen – über 10.000 neue Bürgerinnen und Bürger konnte man in Feldhausen (4) *begrüßen / verabschieden*. Und nicht alle möchten für den Weg zur Arbeit oder in ihrer Freizeit das Auto benutzen. (5) *Außerdem / Trotzdem* wünscht sich ja auch die Politik, dass wir umweltfreundlicher werden, und Zugfahren ist natürlich umweltfreundlicher als Autofahren.

Mit den zwei Gleisen ist der Bahnhof aber eher klein und es gibt nicht viele Möglichkeiten, den Fahrplan zu (6) *ändern / stornieren*: Mehr als drei Züge pro Stunde in jede Richtung können nicht (7) *abfahren / ausfallen*, denn man muss auch auf die Güterzüge und Fernzüge Rücksicht nehmen, die zwar nicht in Feldhausen anhalten, (8) *aber / sondern* durchfahren und dafür natürlich die Gleise benutzen müssen. Schon jetzt sind Verspätungen problematisch, (9) *obwohl / weil* dann auch die Güter- und Fernzüge warten müssen – es entsteht ein Stau auf den Gleisen.

Und nun soll in Feldhausen außerdem ein Freilichtmuseum mit Veranstaltungsbühne entstehen, was (10) *weniger / zusätzliche* Besucher anziehen wird. Das freut uns natürlich, aber: Wie sollen die Menschen nach Feldhausen kommen, (11) *ohne / um* mit ihren Autos die ganze Stadt zuzuparken?

Zugfahren muss attraktiv sein und in Zukunft noch attraktiver werden, dazu gehört auch, (12) *dass / weil* mehr Züge fahren und in Feldhausen anhalten können. (13) *Deshalb / Im Gegenteil*: Feldhausen braucht einen größeren Bahnhof. Das wird viel Geld kosten, aber es lohnt sich langfristig für Bürger, Gäste und die Umwelt.

TIPP Man benutzt bei Meinungsäußerungen in den Medien auch die Begriffe „pro" (= für) und „contra" (= gegen), um die Position des Autors oder Sprechers zu kennzeichnen.

b Welche Meinung vertritt die Autorin? Kreuzen Sie an.

1. ◯ Pro Bahnhofs-Vergrößerung 2. ◯ Contra Bahnhofs-Vergrößerung

c Lösen Sie die Aufgaben zum Text.

	richtig	falsch
1. Der Bahnhof wurde noch nie renoviert.	◯	◯
2. Wohnraum ist in Feldhausen billig.	◯	◯
3. Es sind viele Menschen nach Feldhausen gezogen.	◯	◯
4. Die Gleise werden nur von Personenzügen genutzt.	◯	◯
5. Für den neuen Veranstaltungsort wird ein großer Parkplatz gebaut.	◯	◯

26 Themenfeld „Kaufen und Verkaufen"

1 Finden Sie die zehn Wörter und schreiben Sie sie unter den richtigen Artikel.

IjazNeupreispaulLieferungRautFestpreislelGesuchOisnVerhandlungsbasisÄu

azAbholungUlfTransportSahAngebotQupaiSortimentBsdeVerhandlungssache

der	die	das
______________	______________	______________
______________	______________	______________
______________	______________	______________
	______________	

2 Ergänzen Sie die passenden Wörter aus 1.

1. Der Verkäufer möchte nicht verhandeln. Er verkauft den Tisch zum ______________ von 130 Euro.
2. Die Möbel sollen 200 Euro kosten. Der Preis ist aber ______________ und kein Festpreis. Das heißt, man bekommt die Möbel vielleicht auch günstiger.
3. Die Küche ist zwei Jahre alt und der ______________ war 3900 Euro.
4. Wie ist das mit dem ______________? Wird der Schrank geliefert oder muss ich ihn abholen?
5. Der Elektromarkt hat ein breites ______________, da gibt es alles von Speicherkarten bis zu großen Fitnessgeräten.
6. „Angebot" bedeutet, dass jemand etwas verkaufen möchte. „______________" bedeutet, dass jemand etwas sucht oder kaufen möchte.

3 Welche Ausdrücke passen zu einem Angebot (A) oder einem Gesuch (G)? Kreuzen Sie an.

	A	G		A	G
1. Bei uns jetzt im Angebot: ...	○	○	5. Folgendes günstig abzugeben: ...	○	○
2. Herd zu verschenken!	○	○	6. Ich suche gebrauchtes Werkzeug.	○	○
3. Meine Tochter braucht ein Fahrrad.	○	○	7. Wegen Umzug zu verkaufen: ...	○	○
4. Wir benötigen dringend ...	○	○	8. Ankauf von alten Möbeln!	○	○

4 Lesen Sie die Anzeigen.

a Welche Anzeigen sind Verkaufsangebote? Welche sind Kaufgesuche?

Angebote: *1,* ____________

Gesuche: ____________

TIPP In Anzeigen findet man oft Abkürzungen:
FP = Festpreis; NP = Neupreis;
VS = Verhandlungssache; VB = Verhandlungsbasis

1. *Neuwertiger Schreibtisch (vor 6 Mon. gekauft), Fläche ca. 150 cm x 70 cm, höhenverstellbar, zu verkaufen. Muss abgeholt werden. FP 150 Euro. Tel: 0163-302399111*

2. Gebrauchte Haushaltsgeräte (Herd und Spülmaschine) wg. Umzug günstig abzugeben. Preise VB. Geräte können auch gebracht werden. Einfach melden: gebrauchtgeraete@gmz.eu

3. Heimtrainer – wie im Fitness-Studio! Gerät ist ca. 3 Jahre alt, kaum genutzt, NP war 1200 Euro, Preis VS. Bei Interesse gerne ausprobieren, telefonisch ab 16 Uhr erreichbar: 0152 / 261818181 (Hr. Kovac) Lieferung möglich.

4. *Suche dringend ein gebrauchtes Fahrrad, Alter egal, Hauptsache es fährt! Kann höchstens 50 Euro ausgeben, würde mich über Angebote freuen und hole es natürlich ab! 0151/7110918191*

5. Wohnzimmerschrank gesucht, bis 180 cm Höhe, Breite bis 250 cm. Preis bis 200 Euro. Gerne dunkles Holz (braun / dunkelbraun). Wird von mir abgeholt. Bitte melden: olegf@mailkiste.eu

6. Esstisch mit vier Stühlen (ca. 10 Jahre) an Selbstabholer abzugeben. Buche mit dunkelroten Bezügen. Gut erhalten. VB 250 €. kuesters@hallomail.eu

7. *Kühlschrank und Gefrierschrank (oder Kühl-Gefrierkombination) günstig zu kaufen gesucht. Max. 100 Euro pro Gerät. Hole natürlich alles selbst ab! ario@supermail.eu*

8. Damenfahrrad günstig abzugeben, ca. 2 Jahre alt, rot, sehr guter Zustand. Gerne Besichtigung / Probefahrt bei uns, einfach anrufen: 0171/3018283289. Preis VS.

b Was sind die wichtigsten Informationen? Schreiben Sie die Tabelle in Ihr Heft und ergänzen Sie die Informationen zu jeder Anzeige.

Was wird angeboten / gesucht?	Alter?	Abholung / Lieferung?	Preis?
1. *Schreibtisch*	*6 Monate*	*Abholung*	*FP 150 €*
2.			

c Lesen Sie die Situationen und notieren Sie, welche Anzeige aus 4a passt. Zu einer Situation passt keine Anzeige. Notieren Sie hier „X".

_____ a) Sven sucht einen Geschirrspüler.
_____ b) Herr Sarikakis möchte einen gebrauchten Schrank kaufen.
_____ c) Karim möchte zu Hause Sport machen und sucht ein Gerät.
_____ d) Fernanda möchte ihr Rad verkaufen. Es ist alt, funktioniert aber. Sie will nicht viel Geld dafür.

27 Themenfeld „Wohnen“

1 Ordnen Sie die Wörter den Abkürzungen zu.

Nebenkosten • möbliert • Quadratmeter • saniert • Untergeschoss • Kaltmiete • Tiefgarage • Warmmiete • Einbauküche • Obergeschoss • Kaution • renovierungsbedürftig

1. EBK ______________________
2. KM ______________________
3. NK ______________________
4. qm ______________________
5. UG ______________________
6. ren.- bed. ______________________
7. Kaut. ______________________
8. möbl. ______________________
9. OG ______________________
10. TG ______________________
11. WM ______________________
12. san. ______________________

2 Welche Wörter aus 1 passen zu den Erklärungen? Notieren Sie.

______________ 1. Wenn in einer alten Wohnung oder einem alten Haus viele Sachen neu gemacht wurden, z. B. eine ganz neue Heizung oder neue Fenster.

______________ 2. Das heißt, dass eine Wohnung bzw. ein Haus in keinem so guten Zustand ist und man noch renovieren muss.

______________ 3. Damit bezeichnet man bei einer Wohnung die Kosten für z. B. Warmwasser, die Heizung, aber auch für einen Hausmeister.

______________ 4. Das ist ein anderes Wort für „Stockwerk“ oder „Etage“.

______________ 5. Das ist eine Garage unter einem Haus bzw. Gebäude.

______________ 6. Dieses Geld zahlt man beim Einzug und man bekommt es beim Auszug mit Zinsen zurück, wenn die Wohnung in Ordnung ist.

3 Welche Wörter gehören jeweils zu dem Oberthema? Ordnen Sie zu.

Lage (im Ort / im Haus):

____

____

Kosten:

____

____

Zustand / Ausstattung:

____

____

Dachgeschoss
Neubau
saniert
Hinterhaus
zentral
Parkettböden
Kaution
Kaltmiete
Altbau
außerhalb
Balkon
teilmöbliert
Erdgeschoss
Nebenkosten
Vorderhaus
Stadtrand
Untergeschoss
Terrasse
Warmmiete

4 Lesen Sie die Anzeigen. Was passt in die Lücken? Ergänzen Sie.

[EBK • Renovieren • WM • Renovierungsbedürftige • qm • TG • NK]

a) (1) ________________ Wohnung? Kein Problem. Mit wenig Geld wird aus Ihrer Wohnung eine Traumwohnung! Wir streichen, tapezieren und verlegen Teppich – zu fairen Preisen! Nur diesen Monat: Parkett (alles inklusive) nur 60 € pro (2) ________________.
Gebrüder Reinhold, Tel. 0151 9991128279.

c) Wohnung im Zentrum von Weinstadt gesucht. Ehepaar (beide berufstätig) mit zwei Katzen sucht helle Wohnung. (6) ________________ oder Parkplatz am Haus wäre optimal. Bis 1200 Euro (7) ________________.
Zuschriften unter Chiffre SB8816

b) (3) ________________ müssen Sie hier nicht. Frisch tapezierte und gestrichene Wohnung mit Parkettböden sucht neue Mieter. Helles Wohnzimmer, große Küche mit fast neuer (4) ________________, kleiner Balkon. KM 590 € zzgl. 140 € (5) ________________. Auf Wunsch Stellplatz für Ihren Pkw hinter dem Haus (35 Euro/Monat). Katzen erlaubt, Hunde nicht. Tel. 571018222.

5 Lesen Sie die Notizen der Personen. Welche Anzeige aus 4 passt? Zu einer Notiz passt keine Anzeige. Notieren Sie hier „X".

1. ______
Mary muss kurzfristig umziehen, braucht Whg. mit EBK und Parkplatz.

2. ______
Ina & Alex suchen eine neue Wohnung, eventuell mit Garage.

3. ______
Marc & Lydia wollen Eigentumswohnung vermieten, Haustiere ok, KM 800 + 300 NK

4. ______
Wichtig: Malerbetrieb für Renovierung vor unserem Umzug suchen!

6 Lesen Sie die Anzeigen und lösen Sie die Aufgaben.

Teilmöbliertes Apartment in Gönzheim, Adlerallee 4. Kleine EBK mit Herd und Kühlschrank, Kleiderschrank vorhanden. Ca. 32 qm, 5. OG ohne Aufzug. KM 390 Euro. Frei ab sofort. Keine Haustiere! Besichtigungstermin am kommenden Samstag ab 12 Uhr, Treffpunkt vor dem Haus.

	richtig	falsch
1. In der Wohnung gibt es keine Einbauküche.	○	○
2. Man muss Treppen steigen, um in den 5. Stock zu kommen.	○	○

Aufgepasst: Thaldorf, Am Weiher 8. Zwei Monate mietfrei wohnen. Renovierungsbedürftige Wohnung (3 Zi., 82 qm) ab sofort zu vermieten. Wenn Sie die Renovierung selbst übernehmen, berechnen wir in den ersten beiden Monaten nur NK, keine KM! Weitere Informationen unter info@tdwhg.eu

	richtig	falsch
3. Man kann Geld sparen, wenn man Arbeiten erledigt.	○	○
4. Im ersten Monat zahlt man keine Nebenkosten.	○	○

28 Themenfeld „Reisen“

1 Welche Abkürzungen passen zu den Begriffen? Ordnen Sie zu.

[Ü • HP • VP • EZ • DZ • FeWo]

1. Doppelzimmer: ________
2. Ferienwohnung: ________
3. Übernachtung ________
4. Einzelzimmer: ________
5. Halbpension: ________
6. Vollpension: ________

2 Welche Wörter aus 1 fehlen? Ergänzen Sie.

Ich bin im Urlaub gerne flexibel, auch beim Essen. Deshalb bin ich kein Fan von (1) ______________________, dann muss man ja morgens, mittags und abends im Hotel essen. Das finde ich wirklich nicht toll.

Barbara Walsh

Früher habe ich im Urlaub nur die (2) ______________________ gebucht, und gegessen habe ich in Restaurants. Aber jetzt esse ich lieber morgens und abends im Hotel – also buche ich immer (3) ______________________.

Ivo Jankovic

Urlaub im Hotel ist vielleicht mal ganz praktisch – aber ich miete mit meiner Familie lieber eine (4) ______________________. Und dann muss ich auch nicht überlegen, was ich mit dem Essen mache – dafür haben wir ja die Küche.

Vlada Konya

3 Lesen Sie die E-Mail und unterstreichen Sie das passende Wort.

Sehr geehrte Damen und Herren,

wir möchten in den kommenden Herbstferien (1) *Ferienwohnung / Urlaub* an der Nordsee machen und interessieren uns für Ihr Hotel. Wir sind fünf Erwachsene und brauchen zwei (2) *Doppelzimmer / Übernachtungen* sowie ein (3) *Doppelzimmer / Einzelzimmer*. Für uns wäre es wichtig, (4) *Frühstück / Halbpension* zu haben, weil wir gerne morgens und abends im Hotel essen würden. Tagsüber werden wir viele Ausflüge unternehmen, deshalb passt uns (5) *Frühstück / Vollpension* nicht so gut. Könnten Sie uns ein (6) *Angebot / Urlaub* für einen Aufenthalt in der ersten Oktoberwoche machen? Und noch eine Frage: Muss man in Ihrer Region eigentlich (7) *Kurtaxe / Kurgebühr* zahlen? Und wenn ja, wie hoch ist sie?

Vielen Dank im Voraus für Ihre Antwort.

Mit freundlichen Grüßen
Sergey Tarpian

TIPP In manchen Städten oder Regionen in Deutschland muss man eine sogenannte *Kurtaxe* zahlen, wenn man zu Gast ist. Das gilt oft in Städten mit einem Kurbad, aber auch an vielen Küsten bzw. Stränden der Nord- und Ostsee. Wenn man die *Kurtaxe* gezahlt hat, kann man bestimmte Veranstaltungen (wie Konzerte im Kurhaus) günstiger oder umsonst besuchen.

4 Lesen Sie die Anzeigen.

a Ergänzen Sie die passenden Wörter.

[ab • für • im • in • mit • von • während]

1.

Machen Sie Urlaub auf unserem Hof in Schleswig-Holstein nur einen Kilometer (a) ______________ der Nordseeküste entfernt. Erleben Sie (b) ______________ Ihres Urlaubs mit der ganzen Familie die Schönheit der Natur! Kinder lernen einen Bauernhof kennen, können (c) ______________ Streichelzoo ganz dicht an die Tiere und (d) ______________ die Erwachsenen gibt es ein kleines Museum (e) ______________ landwirtschaftlichen Maschinen sowie einen kleinen Gastraum, (f) ______________ dem Sie Speisen und Getränke aus eigener Produktion probieren können. Aufenthalt schon (g) ______________ drei Nächten möglich.

www.ferien-auf-dem-marschhof.eu

[brauchen • finden • kommen • können • möchten • müssen • planen]

2.

Sie (a) ______________ Deutschland kennenlernen?
Auf unserer Internetseite (b) ______________ Sie alle Informationen, die Sie (c) ______________, wenn Sie Ihre Reise komplett selbst (d) ______________: was Sie bei der Einreise beachten (e) ______________, wie Sie am besten von einem Ort zum nächsten (f) ______________, Tipps zu Übernachtungsmöglichkeiten, Ausflugszielen und vieles mehr. Das besondere Plus: Die Tipps stammen von anderen Reisenden, Sie (g) ______________ sich also darauf verlassen, dass alles stimmt. Profitieren Sie von diesen Erfahrungen.

www.so-macht-reisen-spass.eu

b Welche Überschriften passen am besten zu den Anzeigen aus a?

____ a) Das Erlebnis für die ganze Familie!

____ b) Mit der Reisegruppe durch Deutschland

____ c) Informationen zu Reisen in Deutschland

____ d) Tagesausflug zum Bauernhof

c Lösen Sie die Aufgaben zu den Anzeigen.

1. Auf dem Bauernhof
   - ◯ a) kann man auch schwimmen gehen.
   - ◯ b) sind Tiere in einem kleinen Zoo.
   - ◯ c) können Erwachsene auch Maschinen benutzen.

2. Die Internetseite
   - ◯ a) ist für alle, die zum ersten Mal nach Deutschland kommen.
   - ◯ b) sammelt Informationen aus Reiseführern.
   - ◯ c) veröffentlicht Tipps von Personen, die schon in Deutschland waren.

29 Themenfeld „Arbeit"

1 Schreiben Sie die Wörter richtig und ergänzen Sie den Artikel.

1. das Einkommen
kommenein

2. ____________
zeitteil

3. ____________
zeitvoll

4. ____________
rungberufserfah

5. ____________
jobbenne

6. ____________
haltge

2 Lesen Sie die Anzeigen.

a Kreuzen Sie an: Stellengesuch oder Stellenangebot?

1. ◯ Stellengesuch ◯ Stellenangebot

Du willst **Koch/Köchin** werden?

Dann schau doch zuerst mal in den Arbeitsalltag rein, bevor du vielleicht Azubi wirst. Wir bieten die Möglichkeit, die Arbeit in einer Großküche kennenzulernen. Die Mensa der Uni Freiburg sucht ab September zwei Praktikanten bzw. Praktikantinnen für mindestens drei und maximal acht Wochen. Alter: ab 16 Jahren. Weitere Informationen unter 0221/1753001-91

TIPP Umgangssprachlich sagt bzw. schreibt man oft *Azubi* für *Auszubildende(r)*. Manchmal wird als weibliche Form auch *Azubine* benutzt.

2. ◯ Stellengesuch ◯ Stellenangebot

Interesse an einem **Nebenjob** wie Zeitungen austragen, Werbezettel verteilen, Kundenbefragungen in der Stadt durchführen?

Wenn Sie kontaktfreudig sind, gerne mit anderen Menschen zu tun haben, zuverlässig und pünktlich sind, dann melden Sie sich bei uns.

Flexible Arbeitszeiten, gute Verdienstmöglichkeiten.

info@meinnebenjob.eu

3. ◯ Stellengesuch ◯ Stellenangebot

Ausgebildete Köchin

sucht wg. Insolvenz des bisherigen Arbeitgebers zum 1. Oktober eine neue Stelle in Vollzeit. Erfahrungen mit deutschen und österreichischen Spezialitäten, insgesamt 10 Jahre Berufserfahrung. Zuverlässig, pünktlich, freundlich.

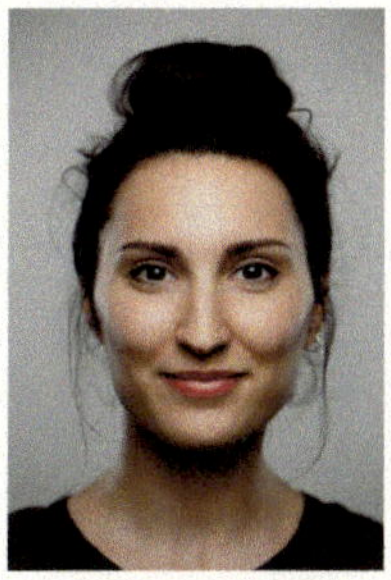

A. Steiger, 0153 / 33119992

b Lösen Sie die Aufgaben zu den Anzeigen.

	richtig	falsch
1. Die Uni Freiburg sucht Auszubildende zum Koch / zur Köchin.	◯	◯
2. Das Praktikum dauert höchstens zwei Monate.	◯	◯
3. Man kann in Vollzeit als Zeitungszusteller arbeiten.	◯	◯
4. Frau Steiger hat ihre Stelle gekündigt.	◯	◯
5. Frau Steiger kennt auch die Küche Österreichs.	◯	◯

3 Lesen Sie die Anzeigen.

a Welches Wort passt jeweils in die Lücke?

a) *Seit 1916 in Familienbesitz. Zum (1) _____ Termin suchen wir einen Koch / eine Köchin. Voraussetzung: Gute (2) _____ der Schweizer Küche.*

b) Schüler (17) sucht **Praktikumsplatz** ab dem (3) ____ Monat (dreiwöchiges Schulpraktikum). Ich arbeite (4) ____ am Computer und mit Social Media.

c) **Hobbykoch** (21 Jahre)

würde gerne die Arbeit in einer professionellen Küche (5) ____. Ich habe noch keine Ausbildung in dem Bereich. Bin zuverlässig, pünktlich und arbeite gerne im Team.

d) **Gasthof Alpenglühen**

Unsere Gäste lieben unsere süddeutschen Spezialitäten – so sehr, dass wir (6) ____ brauchen. Koch / Köchin in Vollzeit gesucht, mindestens fünf Jahre Berufserfahrung sind Voraussetzung.

e) **Rentner** sucht (7) ____ im Freien, gerne Arbeit mit Menschen. Bin mobil (eigenes Auto) und flexibel bei den Arbeitszeiten.

f) **Studentin sucht Nebenjob**

für die Semesterferien. Ich arbeite gerne mit Menschen, (8) ____ als Yoga-Lehrerin für Erwachsene.

1. ◯ a) baldigen
   ◯ b) nächstmöglichen
2. ◯ a) Ausbildung
   ◯ b) Kenntnisse
3. ◯ a) kommenden
   ◯ b) letzten
4. ◯ a) gerne
   ◯ b) lieber
5. ◯ a) kennenlernen
   ◯ b) wissen
6. ◯ a) Verstärkung
   ◯ b) Nachhilfe
7. ◯ a) Hilfe
   ◯ b) Nebenbeschäftigung
8. ◯ a) am liebsten
   ◯ b) am wenigsten

b Zu welchen Anzeigen aus a passen die beiden E-Mails? Ordnen Sie zu.

1. passt zu Anzeige ____

Hallo,

wir haben dein Gesuch gelesen und vielleicht möchtest du bei uns die Arbeit im Bereich Online-Marketing kennenlernen. Wir sind spezialisiert auf Werbung über Social Media und suchen noch junge Menschen, die als Praktikanten bei uns arbeiten möchten. Melde dich doch.

Viele Grüße
Lutz Ackermann

2. passt zu Anzeige ____

Guten Tag,

wir haben gesehen, dass Sie einen Nebenjob suchen und ein Auto haben. Wir (Apotheke am Uhlenhorst) brauchen derzeit eine Aushilfe für die Auslieferung von Medikamenten, auch am Wochenende. Melden Sie sich bei Interesse bitte schnellstmöglich.

Mit besten Grüßen
Karola Jünger

4 Lesen Sie die Anzeigen.

a Welche Überschrift passt zu welcher Anzeige? Notieren Sie. Nicht alle Überschriften passen.

Ausbildung zum Gärtner • Aushilfe / Nebenjob im Verkauf • Bürokraft gesucht • Gartenarbeit • Nebenjob für Studierende • Unterstützung für die Küche gesucht! • Verkäufer/in gesucht! • Zukünftige Azubis aufgepasst

a) ______

Die Stadtwerke Neuenbach suchen für die kommenden Weihnachtsferien Studierende, die am Jahresende den Stromverbrauch in den Haushalten ablesen. Kein Fahrzeug nötig, aber wetterfeste Kleidung, denn Sie gehen von Haus zu Haus. Guter Verdienst. Keine regelmäßige Beschäftigung! Melden Sie sich jetzt: nebenjob@stadtwerkeneuenbach.eu

d) ______

Sie sind zuverlässig und arbeiten gern im Team? Dann melden Sie sich! Die Anwaltskanzlei Dr. Mannheimer in Dinklage braucht Unterstützung bei Bürotätigkeiten, auch mit fachfremder Ausbildung, denn Sie werden von uns eingearbeitet. Ca. 15 Stunden / Woche, Gehalt nach Vereinbarung. info@drmannheimer.eu

b) ______

Sie haben einen guten Schulabschluss und arbeiten gerne mit anderen Menschen im Team? Dann machen Sie doch bei uns eine Ausbildung zur Bürokauffrau oder zum Bürokaufmann. Bitte bewerben Sie sich über unsere Internetseite. Wir freuen uns auf Sie!
Reiß KG, Gesellschaft für Metallverarbeitung, www.reissmetall.eu

e) ______

Das Einkaufscenter Holzer in Stralsund sucht zuverlässige Verkäufer/innen für den Getränkemarkt. Vollzeitstelle, gute Bezahlung. Beginn ab sofort oder frühestmöglich.
Haben Sie Interesse? Dann melden Sie sich bitte bei Frau Ingrid Jung: i.jung@holzerinstralsund.eu

c) ______

Wir (Gasthaus mit Berliner Küche) suchen ab dem nächsten Monat eine Küchenhilfe zum Spülen und Abtrocknen des Geschirrs und des Bestecks.
Voraussetzungen: Pünktlichkeit, Zuverlässigkeit.
Wenn Sie schon Erfahrungen mit ähnlichen Tätigkeiten haben, melden Sie sich bei uns: job@restaurantkreuzkoelln.eu
Geregelte Arbeitszeiten!

f) ______

Suche Hilfe für meinen Garten, z. B. Rasen mähen, Blumen pflanzen, Hecke scheiden, Obst pflücken. Ca. 5 Stunden pro Woche, Wochentag egal. Ich (m, 79) kann leider aus gesundheitlichen Gründen nicht mehr alles alleine machen.
Bitte nur zuverlässige Personen! Gute Bezahlung.
H. Bach, hbach@silversurfer.eu

b Welche Anzeigen aus 4a passen zu den Situationen? Ordnen Sie zu.

1. _____ Wladimir Costello arbeitet gerne im Büro und möchte eine Ausbildung machen.
2. _____ Garcia Silva ist sich noch nicht sicher, ob Sie eine Ausbildung zur Köchin machen soll.
3. _____ Ümet Kurtulus hat eine Ausbildung zum Verkäufer abgeschlossen und sucht eine Vollzeitstelle.
4. _____ Patricia Dubois möchte ein wenig nebenbei arbeiten. Sie mag Pflanzen und Natur.
5. _____ Richard Feynman hat eine Ausbildung zum Mechaniker, möchte jetzt aber einige Stunden pro Woche im Büro arbeiten.

30 Verträge

1 Was bedeuten die Wörter und Abkürzungen? Lesen Sie und ordnen Sie zu.

1.	unterzeichnen	____ a)	Abkürzung für „des Monats“
2.	Gewährleistung	____ b)	ein Termin oder Zeitraum, in dem man etwas erledigen muss
3.	kündigen	____ c)	Abkürzung für „oben genannt“: Man weist auf etwas hin, was schon vorher im Text geschrieben wurde.
4.	Frist	____ d)	auf einen Termin oder Zeitpunkt achten = pünktlich sein
5.	u.a.	____ e)	unterschreiben
6.	überschreiten	____ f)	hier: bezahlen müssen
7.	d.M.	____ g)	Abkürzung für „unter anderen“ oder „unter anderem“: Das schreibt man, wenn man eine Aufzählung abkürzen möchte und nur ein Wort oder Beispiel nennt.
8.	bedürfen	____ h)	Garantie
9.	einhalten	____ i)	einen Vertrag „gültig machen“
10.	o.g.	____ j)	einen Vertrag beenden
11.	fällig sein	____ k)	Geld wird auf dem Konto gutgeschrieben
12.	Zahlungseingang	____ l)	ein formelles Wort für „müssen“ bzw. wenn etwas notwendig ist
13.	einen Vertrag abschließen	____ m)	wenn man eine Frist nicht beachtet und etwas zu spät macht

2 Lesen Sie die Ausschnitte aus drei Verträgen und unterstreichen Sie das passende Wort.

Mietvertrag
Alle Mieter der Wohnung müssen den Vertrag (1) *unterzeichnen / überschreiten*.
Der Vertrag kann seitens des Mieters mit einer (2) *Frist / Gewährleistung* von vier Wochen zum Monatsende gekündigt werden. Seitens des Vermieters ist die Kündigungsfrist sechs Wochen zum Quartalsende. Die Kündigung (3) *bedarf der / überschreitet die* Schriftform.

Arbeitsvertrag
Frau Julia Oreska wird zum 01.04. als Bürokauffrau angestellt. Ihre Aufgaben umfassen (4) *o.g. / u.a.* die Bearbeitung des Posteingangs, die vorbereitende Buchführung für den Steuerberater, die Kommunikation mit Kunden und Geschäftspartnern. Das Arbeitsverhältnis ist befristet auf 12 Monate mit einer Kündigungsfrist von zwei Wochen zum jeweils 15. (5) *d.M. / o.g.*

Kaufvertrag
Der Vertrag wird (6) *abgeschlossen / fällig*, sobald (7) *die Gewährleistung / der Zahlungseingang* von 10 % des Kaufpreises auf dem Konto der Superkauf KG erfolgt ist. Die Zahlung des Restbetrags ist innerhalb von 30 Tagen nach Kauf (8) *fällig / gekündigt*. Bis zur vollständigen Bezahlung bleibt die Ware Eigentum der Superkauf KG.

3 Lesen Sie die Ausschnitte aus einem Mietvertrag.

a Welche Überschriften passen zu den Ausschnitten? Ordnen Sie zu. Zwei Überschriften passen nicht.

a) Betreten der Mieträume durch den Vermieter
b) Miete
c) Kündigung des Mietvertrags
d) Mieträume
e) Gartennutzung
f) Mietzeit
g) Tierhaltung
h) Verteilung und Abrechnung der Heiz- und Betriebskosten

Mietvertrag

1. ______________________________

Im Hause Kaiserstraße 67, 1. OG links, werden folgende Räume vermietet: 2 Zimmer, Küche, Bad/WC, Kellerraum Nr. 1b. Dem Mieter werden vom Vermieter für die Mietzeit ausgehändigt: 2 Haus- und 2 Wohnungsschlüssel. Die Wohnfläche beträgt ca. 65,00 qm.

2. ______________________________

Das Mietverhältnis beginnt am 1. Januar und läuft auf unbestimmte Zeit.

3. ______________________________

Die Miete beträgt monatlich 750,00 Euro. Die Vertragsparteien vereinbaren, dass die Miete für den Zeitraum von 2 Jahren nicht erhöht wird.

4. ______________________________

Die Kosten des Betriebes der zentralen Heizungsanlage und der zentralen Warmwasserversorgung werden anteilig auf die Mieter des Hauses umgelegt. Die Kosten für Heizung und Warmwasser werden zu 50 Prozent nach Wohnfläche und zu 50 Prozent nach dem Verbrauch abgerechnet.

5. ______________________________

Der Mieter darf in der Wohnung Kleintiere, wie z. B. Fische, Hamster, Vögel, Schildkröten, halten. Die Haltung von Katzen und Hunden ist nicht gestattet.

6. ______________________________

Der Vermieter kann die Mieträume aus wichtigen Gründen wie Reparaturen, Haus- oder Wohnungsverkauf zusammen mit Interessenten oder Handwerkern nach vorheriger Abstimmung mit dem Mieter betreten. Dabei ist der Termin mit dem Mieter rechtzeitig abzustimmen.

Mietvertrag

b Lösen Sie die Aufgaben zum Vertrag.

	richtig	falsch
1. Der Mieter bekommt insgesamt vier Schlüssel.	○	○
2. Der Mietvertrag endet nach einem Jahr.	○	○
3. Der Vermieter darf die Miete erhöhen, wann er will.	○	○
4. Die Heizkosten sind auch von der Größe der Wohnung abhängig.	○	○
5. Man kann in der Wohnung auch Hunde haben.	○	○
6. Der Vermieter muss einen Termin machen, wenn er in die Wohnung will.	○	○

4 Lesen Sie den Ausschnitt aus einem Arbeitsvertrag.

a Welche Sätze a–h fehlen in dem Vertrag?

§ 1 Beginn und Ende des Arbeitsverhältnisses
Das Arbeitsverhältnis beginnt am 01.07.20xx und endet am 30.06.20xx

§ 2 Beendigung des Arbeitsverhältnisses
Das Arbeitsverhältnis endet zum vorgesehenen Zeitpunkt, ohne dass es einer Kündigung bedarf. (1) _____ Während der Probezeit kann das Arbeitsverhältnis beiderseits mit einer Frist von zwei Wochen gekündigt werden. (2) _____

§ 3 Tätigkeit
Der Arbeitnehmer wird als Koch eingestellt. (3) _____ Vorbereitung und Zubereitung von Speisen, Erstellen der Speisekarte, Schreiben von Einkaufslisten, Auswahl neuer Rezepte / Gerichte, Unterweisung von Hilfsarbeitern (Küchenhilfe, Spülhilfe u. a.).

§ 4 Arbeitsvergütung
(4) _____

§ 5 Arbeitszeit
Die regelmäßige Arbeitszeit beträgt 40 Wochenstunden. (5) _____ Der Arbeitnehmer ist bei betrieblicher Notwendigkeit verpflichtet, auf Anordnung des Arbeitgebers Überstunden zu leisten.

§ 6 Urlaub
(6) _____ Dies sind derzeit 20 Arbeitstage im Kalenderjahr.

§ 7 Krankheit
Ist der Arbeitnehmer infolge Krankheit arbeitsunfähig, so besteht Anspruch auf Fortzahlung der Arbeitsvergütung bis zur Dauer von sechs Wochen. (7) _____ Dauert die Arbeitsunfähigkeit länger als drei Kalendertage, muss der Arbeitnehmer eine ärztliche Bescheinigung vorlegen. Diese Nachweispflicht gilt auch nach Ablauf der sechs Wochen. (8) _____

a) Beginn und Ende der täglichen Arbeitszeit richten sich nach dem betrieblichen Bedarf.
b) Der Arbeitgeber hat das Recht, die Arbeitsunfähigkeitsbescheinigung früher zu verlangen.
c) Der Arbeitnehmer erhält eine monatliche Bruttovergütung von 1800,00 €.
d) Der Arbeitnehmer hat Anspruch auf einen gesetzlichen Mindesturlaub.
e) Die Arbeitsunfähigkeit ist dem Arbeitgeber sofort, z. B. per Telefon, mitzuteilen.
f) Die ersten drei Monate gelten als Probezeit.
g) Die Kündigung bedarf der Schriftform.
h) Er ist vor allem mit folgenden Arbeiten beschäftigt:

b Welche Wörter aus dem Vertrag haben eine ähnliche Bedeutung? Notieren Sie.

1. in § 2: von beiden Parteien (hier: Arbeitnehmer und Arbeitgeber): ____________________
2. in § 3: überwiegend / meistens / insbesondere: ____________________
3. in § 4: Einkommen / Gehalt: ____________________
4. in § 5: (Überstunden) machen = (Überstunden) ... ____________________
5. in § 6: aktuell / im Moment: ____________________
6. in § 7: das Recht haben auf (Fortzahlung des Gehalts) = Man hat ____________________ auf ...

31 Allgemeine Geschäftsbedingungen

1 Lesen Sie den Auszug aus den AGB. Welches Wort passt jeweils in die Lücke?

Parkhaus Hochfeld

Im (1) _____ Parkhaus gilt die StVO.

Der Eigentümer (2) _____ keine Haftung für Schäden, die an Ihrem Fahrzeug (3) _____.

Die Höchstparkdauer (4) _____ 24 Stunden. Nach (5) _____ dieser Frist werden Fahrzeuge (6) _____ abgeschleppt.

Der Eigentümer

TIPP *StVO = Straßenverkehrsordnung*
Das sind die Regeln bzw. Gesetze, die im Straßenverkehr für alle Verkehrsteilnehmer gelten.

1. ◯ a) gesamten ◯ b) vollständigen
2. ◯ a) bezahlt ◯ b) übernimmt
3. ◯ a) entstehen ◯ b) passieren
4. ◯ a) beträgt ◯ b) unterhält
5. ◯ a) Ablauf ◯ b) Abstand
6. ◯ a) geldpflichtig ◯ b) kostenpflichtig

TIPP *Allgemeine Geschäftsbedingungen (AGB)* sind eine bestimmte Form eines Vertrags. Sie gelten in vielen Situationen, ohne dass man etwas unterschreibt, z. B. wenn man ein Parkhaus benutzt und dort die AGB des Eigentümers gelten oder wenn man im Internet einkauft.

2 Lesen Sie den Text und lösen Sie die Aufgaben.

Schnapp dir's! – Internethandel leicht gemacht

§ 1 Geltungsbereich
Die AGB gelten für alle Käufe und Verkäufe von Asia Gourmet über „Schnapp dir's!".

§ 2 Vertragsschluss und Bezahlung
Der Kaufvertrag kommt zustande, wenn Sie auf der Internetseite den Button „Jetzt kaufen" anklicken. Die Zahlung erfolgt per Kreditkarte oder Sofortüberweisung. Hierfür fallen keine zustzlichen Gebühren an.

§ 3 Versandkosten
Alle Preise verstehen sich ohne Versandkosten. Innerhalb Deutschlands ist der Versand ab einem Einkaufswert von 50,00 Euro kostenfrei. Anderenfalls betragen die Versandkosten innerhalb Deutschlands pauschal 7,50 Euro, innerhalb der EU pauschal 12,50 Euro. Der Versand außerhalb der EU ist nur nach vorheriger Absprache möglich. Eine Abholung der Ware ist nicht möglich, da Asia Gourmet ein reiner Versandhandel ist.

	richtig	falsch
1. Es kostet extra, wenn man mit Kreditkarte bezahlt.	◯	◯
2. Wenn der Einkauf mehr als 50 Euro kostet, ist der Versand gratis.	◯	◯
3. Man kann die Waren auch selbst abholen.	◯	◯

32 Informationstafeln und Register

1 Lesen Sie die Situationen und die Informationstafel. Wohin müssen Sie gehen? Kreuzen Sie an: a, b oder c.

Beispiel: Sie möchten Ihren Parkschein bezahlen.
- ☒ a) UG
- ◯ b) EG
- ◯ c) anderes Stockwerk

1. Sie suchen ein Buch für Ihre 12-jährige Nichte.
- ◯ a) EG
- ◯ b) 2. OG
- ◯ c) anderes Stockwerk

2. Sie ziehen um und möchten Tipps für die Wohnungseinrichtung.
- ◯ a) 1. OG
- ◯ b) 2. OG
- ◯ c) anderes Stockwerk

3. Sie möchten einen Ausweis für die Bibliothek.
- ◯ a) UG
- ◯ b) 3. OG
- ◯ c) anderes Stockwerk

4. Sie möchten Spanisch lernen.
- ◯ a) 1. OG
- ◯ b) 3. OG
- ◯ c) anderes Stockwerk

5. Sie möchten ein Fahrrad kaufen und brauchen Tipps.
- ◯ a) UG
- ◯ b) 2. OG
- ◯ c) anderes Stockwerk

Wegweiser Bibliothek Herne

3. OG	Kinderbücher (ab 4 Jahre) | Jugendbücher | Sprachen lernen: Französisch, Italienisch, Niederländisch (Bücher und CDs) | Wörterbücher
2. OG	Bücher für die Kleinsten (bis 4 Jahre) | Sprachen lernen: Deutsch, Englisch, Spanisch (Bücher und CDs) | Grammatik: Übungsbücher | Rechtschreibung: Wörterbücher und Übungshefte
1. OG	Krimis & Literatur | Heim & Garten: Ratgeber zu Wohnung und Garten | Autos & Fahrräder: Ratgeber zum Kauf und zur Pflege | Herne früher und heute: Bücher über die Stadt und die Region
EG	Information | Garderobe | Ausgabestelle (Ausweise) | Kasse | Musik und Filme für Kinder | Spielecke für die Kleinen
UG	Parkautomat und Übergang zur Tiefgarage | Archiv | Kopierer | Besucher-WC

2 Sie arbeiten bald in Deutschland. Lesen Sie die Situationen und das Register. Wo finden Sie Informationen? Kreuzen Sie an: a, b oder c.

Beispiel: Sie suchen Informationen zu Weiterbildungsmöglichkeiten.
- ☒ a) Bildung
- ○ b) Staat
- ○ c) andere Rubrik

1. Sie suchen Informationen über die medizinische Versorgung.
- ○ a) Staat
- ○ b) Wirtschaft
- ○ c) andere Rubrik

2. Sie möchten sich über die Stadt informieren, in der Sie wohnen werden.
- ○ a) Tourismus und Transport
- ○ b) Wirtschaft
- ○ c) andere Rubrik

3. Eine Bekannte will Sie in Deutschland besuchen und braucht Informationen zu den Formalitäten.
- ○ a) Staat
- ○ b) Tourismus und Transport
- ○ c) andere Rubrik

4. Sie wollen wissen, welche Steuern man in Deutschland bezahlen muss.
- ○ a) Staat
- ○ b) Wirtschaft
- ○ c) andere Rubrik

5. Sie suchen Möglichkeiten, wie Sie von Berlin nach München kommen.
- ○ a) Staat
- ○ b) Umwelt
- ○ c) andere Rubrik

www.alle-infos-zu-deutschland.de

Bildung
- Aus- und Weiterbildung >
- Bildungspolitik >
- Politische Bildung >
- Schule / Studium >

Tourismus und Transport
- Einreise >
- Land und Leute >
- Auskunft zu Reisemöglichkeiten >
- Verzeichnis von Unterkünften >

Umwelt
- Entsorgung und Recycling >
- Erneuerbare Energien >
- Klima, Naturschutz >
- Umweltorganisationen >

Staat
- Bürgerportale >
- Bundesämter und Bundesanstalten >
- Justiz und Recht >
- Kreise, Städte und Gemeinden >

Gesundheit
- Ernährung >
- Gesundheitswesen >
- Patienteninformationen >
- Ärzteverzeichnis >

Wirtschaft
- Arbeit und Beruf >
- Branchen >
- Finanzen und Steuern >
- Verbraucherinformationen >

33 Zeitungs- und Zeitschriftenartikel

1 Lesen Sie die Zeitungsartikel und lösen Sie die Aufgaben.

Mehr Ausbildungsplätze?

Im letzten Jahr fehlten in Deutschland wieder Ausbildungsplätze. Deshalb hat die Bundesregierung nun angekündigt, dass kleine und mittlere Betriebe mehr finanzielle Hilfen bekommen sollen, wenn sie zusätzliche Ausbildungsplätze anbieten. Für große Firmen soll es Strafen geben, wenn sie nicht genügend Ausbildungsplätze anbieten. Frank Dieterichs vom Interessenverband Auszubildender sagt dazu: „Es gibt zu wenige Ausbildungsplätze, weil viele Betriebe denken, Ausbildung kostet nur Zeit und Geld. Aber die Firmen vergessen, dass Ausbildung wichtig für ihre eigene Zukunft ist. Es muss sich etwas ändern." Laut einer Umfrage ist es für die meisten Schülerinnen und Schüler sehr wichtig, einen Ausbildungsplatz zu bekommen.

1. Es gibt nicht genug Ausbildungsplätze.
   - ◯ a) richtig
   - ◯ b) falsch

2. Herr Dieterichs denkt, dass
   - ◯ a) Ausbildung für Firmen zu teuer ist.
   - ◯ b) Ausbildung auch für die Firmen wichtig ist.
   - ◯ c) Firmen zu viele Ausbildungsplätze anbieten.

Wohnraum in Wien – knapp und teuer

„Wohnen in Wien" – so heißt eine Studie der Stadt Wien, die heute vorgestellt wurde. Die Ergebnisse zeigen: Das Wohnen in der österreichischen Hauptstadt ist teuer. Je nach Lage und Größe der Wohnung muss man zwischen 10 und 20 Euro pro Quadratmeter für eine Mietwohnung zahlen – ohne Betriebskosten. Trotz der hohen Preise ist Wien sehr beliebt und der Wohnraum ist knapp: In den letzten Jahren sind sowohl mehr Studierende als auch Familien nach Wien gezogen. „Wir sind heuer nach Wien gezogen und finden es toll, wie viel wir mit den Kindern unternehmen können", erzählt Maria Stadler. Das Freizeitangebot ist für viele Einwohner der größte Vorteil – aber man muss sich die Mieten leisten können.

3. Es gibt sehr viele freie Wohnungen in Wien.
   - ◯ a) richtig
   - ◯ b) falsch

4. Viele Menschen mögen an Wien, dass
   - ◯ a) die Mieten nicht so hoch sind.
   - ◯ b) man in der Freizeit so viel machen kann.
   - ◯ c) weniger Studierende in die Stadt ziehen.

Weniger bezahlen – gleiche Leistung

Viele Banken haben es im Angebot: Das kostenlose Konto für Auszubildende. Aber nicht immer ist das Konto wirklich gratis, weiß der Geschäftsführer des Bundesverbands der Verbraucherschützer, Peter Hässelbarth: „Viele Banken und Sparkassen bieten das Konto nur für eine bestimmte Zeit kostenlos an, beispielsweise für die ersten 12 Monate nach Vertragsabschluss. Danach sind die normalen Kontogebühren fällig." Und das kann manchmal ganz schön teuer werden. Im vergangenen Jahr kostete ein Girokonto im Durchschnitt 3,99 Euro pro Monat – viel Geld für junge Menschen, die gerade erst eine Ausbildung machen und nicht viel verdienen. Deshalb rät Hässelbarth dazu, sich die Geschäftsbedingungen in Ruhe durchzulesen: „Bei vielen Banken ist das Konto bis zum 25. Lebensjahr kostenlos – das ist natürlich ein Riesenvorteil."

5. Konten für Auszubildende sind immer kostenlos.
   - ◯ a) richtig
   - ◯ b) falsch

6. Auszubildende sollten
   - ◯ a) die Unterlagen der Banken genau lesen.
   - ◯ b) mit 25 Jahren die Bank wechseln.
   - ◯ c) nicht mehr als 3,99 Euro pro Monat bezahlen.

Kindergärten im Mittelpunkt der Planung

Gute Nachrichten für die Kindergärten in Walldorf: Die Stadt möchte im nächsten Jahr mehr Geld für Kindergärten ausgeben. Außerdem wird demnächst ein weiterer Kindergarten eröffnet, der Platz für 45 Kinder bietet. In den schon vorhandenen Kindergärten sollen mehr Erzieherinnen und Erzieher eingestellt werden – und dann auch zusätzliche Plätze für Kinder eingerichtet werden. Wer einen Kindergartenplatz sucht, kann sich bei der Stadt in Listen eintragen. Sobald ein Platz frei ist, werden die Eltern benachrichtigt. Wichtig ist auch: Sie können Ihre Kinder schon früh anmelden, sogar schon kurz nach der Geburt. Dann sind die Chancen am besten, dass Ihr Kind wirklich einen Platz bekommt!

7. In Walldorf gibt es bald einen neuen Kindergarten.
   - ◯ a) richtig
   - ◯ b) falsch

8. In Walldorf
   - ◯ a) bekommen alle Kinder automatisch einen Kindergartenplatz.
   - ◯ b) müssen Eltern regelmäßig nachfragen, ob ein Platz frei ist.
   - ◯ c) wird es zusätzliche Stellen für Erzieherinnen geben.

2 Lesen Sie den Artikel und die Aufgaben. Entscheiden Sie bei jeder Aufgabe: Ist die Aussage richtig oder falsch?

Gemeinsam stark – Monatliche Zeitschrift für Arbeitnehmerinnen und Arbeitnehmer

Sicher zur Arbeit: Tipps für den Winter

Sicher durch den Winter – das ist vor allem im Straßenverkehr nicht immer einfach. Wir haben für Sie die wichtigsten Tipps zusammengestellt, damit Sie überall gut ankommen, auch an Ihrem Arbeitsplatz.

Es wird früh dunkel. Wenn es dann noch regnet, ist die Sicht für Autofahrer oft schlecht zu dieser Jahreszeit. Daran sollten auch Fußgänger denken und helle Kleidung tragen. Wenn Sie außerhalb der Stadt unterwegs sind, empfehlen wir zusätzlich, eine Taschenlampe dabeizuhaben und eingeschaltet zu lassen. So sind Sie für Autofahrer besser zu sehen.

Aber nicht nur für Fußgänger, auch für Radfahrer ist der Winter eine Jahreszeit, in der sie besonders aufpassen müssen. Verwenden Sie auch beim Fahrrad Winterreifen, das verringert das Risiko zu stürzen. Fahren Sie nicht, wenn auf der Straße bzw. dem Radweg Eis ist!

Schützen Sie das Fahrrad im Winter gegen Kälte und Feuchtigkeit, verwenden Sie regelmäßig Öl zur Pflege der Kette und achten Sie besonders darauf, dass die Bremsen immer gut funktionieren. Diese müssen allerdings fettfrei bleiben, hier hat Öl nichts zu suchen.

Besonders wichtig ist im Winter die richtige Beleuchtung: Achten Sie darauf, dass Sie eine Lampe am Fahrrad haben, die immer hell leuchtet, auch wenn Sie langsam fahren oder kurz stehenbleiben müssen. Bei Autos müssen Sie vom 1. November bis zum 15. April Winterreifen benutzen, wenn Sie bei Eis, Schnee oder Matsch fahren wollen. Das dient auch Ihrer Sicherheit und der Sicherheit anderer Verkehrsteilnehmer. Halten Sie sich unbedingt daran!

Denken Sie daran, dass der Bremsweg bei Nässe und Schnee viel länger ist als bei Trockenheit – lassen Sie immer genug Abstand zum Fahrzeug vor Ihnen. Und wenn es ganz winterlich wird: Benutzen Sie die öffentlichen Verkehrsmittel und lassen Sie das Auto am besten stehen.

	richtig	falsch
1. Fußgänger sollten eine Taschenlampe mitnehmen, um Autos besser zu erkennen.	○	○
2. Radfahrer brauchen im Winter keine speziellen Reifen.	○	○
3. Die Bremsen eines Fahrrads dürfen nicht mit Öl in Kontakt kommen.	○	○
4. Radfahrer sollten Lampen verwenden, die immer leuchten.	○	○
5. Autos müssen im Winter bei bestimmten Wetterbedingungen spezielle Reifen haben.	○	○

34 Kleinanzeigen

1 Lesen Sie die Situationen und die Anzeigen. Entscheiden Sie bei jeder Aufgabe: Welche Anzeige passt zu der Situation?

Beispiel: Sie möchten ein Instrument lernen. ___a___

1. Sie möchten alte Bücher verkaufen. ______
2. Eine Bekannte möchte Italienisch lernen und das Land kennenlernen. ______
3. Ihr 10-jähriger Neffe möchte in den Sommerferien Theater spielen. ______
4. Sie wollen besser Deutsch lernen und auch Ihre Muttersprache unterrichten. ______
5. Sie suchen ein günstiges Wörterbuch. ______

a) **Neue Kurse**

Die Bildungsakademie Neustadt bietet zusätzliche Kurse an: Lernen Sie eine Sprache (Deutsch, Englisch, Französisch) oder ein Musikinstrument (Klavier, Gitarre). Teilnehmen können alle ab 16 Jahren.

b) **Tandem**

Verkaufe gebrauchtes Tandemfahrrad, natürlich für zwei Personen. Alter ca. 2,5 Jahre, Farbe Weiß. Selten benutzt, guter Zustand. Preis VS. Tel. 77 45 897

c) **Lust auf etwas Neues?**

Tolle Angebote für alle von 6 bis 16 Jahren!
In den Ferien könnt ihr Ausflüge machen, Theater spielen oder Sport machen.
Infos unter www.jugendcamp-neustadt.eu

d) **Bücher für den Unterricht**

Lehr- und Schulbücher für Kinder, Jugendliche, Erwachsene, u.a. Sprachen, Mathematik, Physik.
Auch viele Wörterbücher im Angebot!
Weitere Informationen:
buecherhannes@supermail.com

e) Hilfe gesucht

Suche Lernpartner für ein Tandem.
Ich kann sehr gut Deutsch und möchte eine andere Sprache lernen.
Tel. 91 20 973

f) **Gebrauchte Bücher**

Wir suchen Bücher in gutem Zustand, u.a. Romane, Wörterbücher, Lehrbücher.
Alter egal. Faire Preise.
Weitere Informationen: mail@buchmarkt.eu

g) ***Sprachen lernen in der Gruppe***

Wir bieten im Juli und August Sprachreisen für Erwachsene nach England, Frankreich und Italien an. Ob Sie alleine reisen und lernen wollen oder mit Familie oder Freunden – erleben Sie mit uns das Land und lernen Sie ganz nebenbei die Sprache.

h) **Gemeinsam lernen**

Wir bieten Kurse für Kinder und Jugendliche bis 16 Jahren an: spielerisch neue Sprachen lernen, zum Beispiel Englisch oder Spanisch.
Jede Woche Donnerstag und Freitag.
Anmeldung: 43 98 55

2 Lesen Sie die Situationen und die Anzeigen. Entscheiden Sie bei jeder Aufgabe: Welche Anzeige passt zu der Situation? Zu einer Situation passt keine Anzeige. Notieren Sie dann X.

1. Sie brauchen einen Herd. Er muss neu sein. ______
2. Sie brauchen einen Kühlschrank. Er muss neu sein. ______
3. Sie möchten eine 4-Zimmer-Wohnung mieten. ______
4. Sie suchen einen günstigen Kühlschrank. Er muss nicht neu sein. ______
5. Sie suchen eine Wohnung mit nur einem Zimmer. ______

a)

Haushaltsauflösung

Wegen Umzug verkaufen wir günstig unsere Möbel und Küchengeräte: 1 Herd, 1 Kühlschrank, 1 Küchentisch, 4 Küchenstühle, 1 Wohnzimmertisch und 1 Schreibtisch mit Schreibtischstuhl. Alles in gutem Zustand, sofort abholbereit. Rufen Sie bis zum 1.10. an: 089/2339808

b)

Neueröffnung!

Neue Möbel für Wohn- und Kinderzimmer zu Spitzenpreisen. Kommen Sie zu unserer großen Eröffnungsfeier am nächsten Samstag! Wir haben besondere Angebote für Sie. Bitte beachten Sie: nur Selbstabholer, wir liefern nicht. Möbelhaus SB-Markt Rupp,
Turiner Platz 1-3, 87432 München

c)

Wohnung gesucht?

Sie suchen eine schöne, neue Wohnung in der Münchner Innenstadt? Dann fragen Sie uns, die Münchner Makler! Wir haben Wohnungen von drei bis zu fünf Zimmern. Alle Wohnungen liegen verkehrsgünstig. Bezahlbare Mieten, auch teilmöblierte Wohnungen!
Rufen Sie an: Tel. 6726266.

d)

Wohnung gesucht

Wohnung in München gesucht, zwei Zimmer, möglichst mit EBK, gerne auch mit anderen Möbeln (Wohnzimmerschrank oder Schlafzimmerschrank). Ich brauche die Wohnung ab dem 1.10. oder ab dem 1.11., max. 600 € WM. Optimal wäre Nähe zur U-Bahn oder Innenstadt. Tel. 089/1029287

e)

Möblierte Wohnung!

Schöne 1-Zimmer-Wohnung ab dem 1.10. zu vermieten, 550 Euro kalt, Nebenkosten 100 Euro. Gute Lage in der Einkaufsstraße. ÖPNV in der Nähe (U-Bahn 5 Min. zu Fuß). Küche kann gegen Abstand von 1000,00 Euro übernommen werden. Tel. 089/6127192

f)

Zentrale Wohnung

4-Zimmer-Wohnung im Zentrum von München zu verkaufen. Schöne Altbauwohnung, hohe Decken und neue Böden (Teppich). Geschäfte, Apotheken und Ärzte in unmittelbarer Nachbarschaft, U-Bahn 150 Meter entfernt. Interesse? Weitere Informationen unter wohnung@mail4u.net

g)

Möbelmarkt

Sie brauchen Möbel, aber Sie haben nicht viel Geld? Dann schauen Sie bei uns vorbei! Gebrauchte Möbel für Küche, Wohnzimmer, Schlafzimmer – in top Qualität, aber günstig! Gegen Aufpreis ist auch eine Lieferung zu Ihnen nach Hause möglich. Wir haben jeden Tag von 10–17 Uhr für Sie geöffnet! Kommen Sie vorbei und gehen Sie in aller Ruhe durch unsere Möbelausstellung.

h)

Wir ziehen um!

Schnäppchenalarm, wir räumen unser Lager! Kühlschränke und Waschmaschinen zum Sonderpreis – alle Geräte sind neu und natürlich gibt es Garantie! Ab dem 15.10. finden Sie uns dann wieder mit dem ganzen Angebot in unserem neuen Geschäft! Kommen Sie vorbei, wir freuen uns!

3 Lesen Sie die Situationen und die Anzeigen. Entscheiden Sie bei jeder Aufgabe: Welche Anzeige passt zu der Situation? Zu einer Situation passt keine Anzeige. Notieren Sie dann X.

1. Herr Tomczyk ist 20 Jahre alt. Er hat gerade seine Ausbildung zum Koch abgeschlossen und sucht eine Stelle. _____
2. Herr Walther ist Rentner. Er spielt Gitarre und möchte in seiner Freizeit jungen Menschen helfen. _____
3. Frau Ingbert arbeitet seit 10 Jahren als Köchin. Sie möchte jetzt nur noch halbtags arbeiten. _____
4. Lisa Koch geht zur Schule und möchte in den Ferien etwas dazuverdienen. Sie hat aber nur am Wochenende Zeit. _____

a)

Wir brauchen Verstärkung!

Unser Team ist aufgeschlossen, kreativ und zuverlässig – und so sollte auch unser zukünftiger Koch oder unsere zukünftige Köchin sein. Sie bringen mehrere Jahre Berufserfahrung mit und haben einfach Spaß an der Arbeit? Dann könnten Sie zu uns passen. Es ist auch Arbeit in Teilzeit möglich.

Senden Sie Ihre Unterlagen per E-Mail an:
bewerbung@schlemmertoepfchen.eu

b)

Der Sommer ist endlich da – aber du hast kein Geld?

Dann verdiene doch in den Ferien etwas dazu. Wir suchen nette, zuverlässige, tierliebe Schülerinnen und Schüler, die sich in den Ferien um die Haustiere von Urlaubern in unserer Tierpension kümmern. Voraussetzung:
Du bist mindestens 16 Jahre alt, verantwortungsbewusst und hast an vier bis fünf Tagen pro Woche zwei Stunden Zeit. Dann ruf uns an:

Tierpension „3 Mal Schwarzer Kater"
Tel. 0721/6126179 (Frau Matthes)

c)

Rüstige Pensionäre und Rentner gesucht!

Sie suchen eine Beschäftigung für Ihre Freizeit? Sie möchten vielleicht ein wenig dazuverdienen? Sie haben ein Auto und sind zuverlässig? Dann rufen Sie uns an. Wir suchen ständig Kurierfahrer für die Auslieferung von Medikamenten auf 400-Euro-Basis.
Wegdamit! Lieferservice, Ottersbrunn, Tel. 0171 / 710277.

d)

„Musik für dich e. V."

ist ein Verein, in dem junge Menschen zwischen 6 und 16 Jahren Instrumente lernen und miteinander üben, ohne hohe Mitgliedgebühren zahlen zu müssen. Möchten auch Sie unserem Verein helfen? Dann melden Sie sich bei Frau Schwan: schwan@musikfuerdich.eu. Wir suchen immer hilfsbereite Menschen, die selbst ein Instrument spielen und Kinder und Jugendliche unterrichten und unterstützen. Alter spielt keine Rolle.

e)

Sie kochen gerne?

Dann sind Sie hier richtig! Wir suchen ab sofort junge, motivierte Menschen zwischen 16 und 20, die gerne eine Ausbildung zum Koch bzw. zur Köchin machen möchten!
Vergütung und Arbeitszeit nach Tarif.

Senden Sie Ihre Bewerbungsunterlagen bitte an:
Restaurant „Zum Kamin"
Großweidenweg 23
10777 Potsdam

f)

In verschiedene Berufe hineinschnuppern, die Arbeitswelt kennenlernen – für Jugendliche ist das heutzutage sehr wichtig, bevor sie sich selbst für einen Beruf entscheiden. Wenn Sie dabei helfen möchten und interessierten Jugendlichen einen Tag lang Ihren Beruf vorstellen wollen, dann melden Sie sich bei uns. Die Jugendlichen sollten Sie an Ihrem Arbeitsplatz besuchen können. Natürlich werden wir Sie tatkräftig unterstützen und auch die Organisation komplett übernehmen.

Finde deinen Beruf e.V., Tel. 0172 / 9272739.

g)

Job gesucht?

Sie haben nicht viel Zeit, möchten aber trotzdem etwas mehr Geld verdienen? Sie sind gerne an der frischen Luft? Prima! Denn wir suchen zuverlässige Männer und Frauen, die Montag- bis Freitagvormittag ca. zwei Stunden unsere Zeitungen und Prospekte austragen.

Interessiert? Dann rufen Sie gleich an: 040 / 82728909 (Herr Traber).

Achtung: Bitte nur bewerben, wenn Sie wirklich an jedem Vormittag – auch in den Ferien – Zeit haben!

h)

Ausbildung fertig – und dann?

Warum nicht zu uns? Ein junges, motiviertes Team sucht einen Koch oder eine Köchin für unser vor kurzem eröffnetes Restaurant. Sie sollten eine abgeschlossene Ausbildung haben, Berufserfahrung ist aber nicht erforderlich. Bei uns können Sie aktiv an der Speisekarte mitarbeiten, neue Ideen und Rezepte sind willkommen!

Wenn Sie Lust auf die Arbeit in einem etwas anderen Restaurant haben, senden Sie Ihre Bewerbungsunterlagen an:
bewerbung@berlinernuwellkuesin.eu

35 E-Mails

1 Lesen Sie die E-Mails und lösen Sie die Aufgaben.

Sehr geehrte Frau van Deest,

vielen Dank für Ihre Anmeldung bei unserem Lernportal „Sprachenfuchs". Sie haben eine Mitgliedschaft für ein Jahr abgeschlossen. Ihr Paket umfasst den Zugang zu unseren elektronischen Wörterbüchern, die Teilnahme an Online-Aufgaben mit Auswertung durch Sprachlehrer sowie die Nutzung unserer App mit weiteren Übungen.

Für die Jahresmitgliedschaft ist ein Beitrag in Höhe von 19,99 Euro fällig. Sie bekommen die Rechnung dafür wie gewünscht in den nächsten Tagen per E-Mail. Nur heute haben wir aber noch ein besonderes Angebot für Sie: Schließen Sie doch die Premium-Mitgliedschaft für 29,99 Euro pro Jahr ab und Sie erhalten zusätzlich Zugang zur Sprachberatung, bei der Sprachlehrer einmal im Monat Ihre Fragen beantworten. Sie können die Premium-Mitgliedschaft entweder in Ihrem Online-Konto abschließen oder uns anrufen: 0800/655900655.
In jedem Fall wünschen wir Ihnen viel Spaß und Erfolg mit dem Sprachenfuchs!

Mit freundlichen Grüßen
Ottilie Hirschauer

1. Frau van Deest hat ihre Mitgliedschaft gekündigt.

◯ a) richtig
◯ b) falsch

2. Frau van Deest

◯ a) hat für 19,99 Euro Bücher zum Sprachenlernen gekauft.
◯ b) erhält bald eine Rechnung.
◯ c) kann für 29,99 Euro einen Sprachkurs machen.

Liebe Mitglieder,

bald ist das Jahr zu Ende und wie immer wird unser Volleyballverein Mitte Dezember noch eine Weihnachtsfeier haben, zu der wir auch demnächst noch eine Einladung verschicken.

Heute haben wir aber leider eine nicht so schöne Nachricht für euch: Wie ihr wisst, ist unsere Sporthalle sehr alt und deshalb soll sie im kommenden Jahr ab März renoviert werden. Wahrscheinlich werden die Renovierungsarbeiten sechs bis acht Monate dauern. Die Stadt hat uns leider keine andere Halle angeboten, wo wir trainieren können, deshalb: Wenn ihr eine Idee habt, wo wir ab dem kommenden März trainieren können, meldet euch unbedingt bei mir. Bis Ende Februar findet unser Training aber wie gewohnt in unserer Halle statt.

Sportliche Grüße
Katharina Polgar

3. Der Verein macht bald eine Feier.

◯ a) richtig
◯ b) falsch

4. Der Sportverein

◯ a) bietet ab März kein Training mehr an.
◯ b) braucht einen anderen Ort für das Training.
◯ c) muss bis Ende Februar die Sporthalle renovieren.

2 Lesen Sie die E-Mails und lösen Sie die Aufgaben.

Liebe Mitarbeiterinnen und Mitarbeiter,

wie Sie wissen, wird von Montag, dem 20.04., bis Dienstag, dem 28.04., unsere Kantine renoviert. Wie auf der letzten Betriebsversammlung besprochen, werden wir für diese Zeit einen Verkauf von kalten Snacks sowie Heiß- und Kaltgetränken im Empfangsbereich einrichten. Während der Renovierungsarbeiten wird dieser Verkauf jeden Tag zwischen 11:00 und 16:30 Uhr geöffnet sein.

Um besonders zur Mittagszeit längere Wartezeiten zu vermeiden, bitten wir alle aus dem 3. Stock, den Verkauf in der Zeit von 12:00 bis 13:00 Uhr zu nutzen und die Mitarbeiterinnen und Mitarbeiter aus dem 4. Stock zwischen 13:00 und 14:00 Uhr. Leider können wir aufgrund der baulichen Gegebenheiten keine warmen Mahlzeiten anbieten. Wir bitten um Verständnis.

Mit besten Grüßen
Die Geschäftsführung

1. Die Kantine bleibt wegen Renovierungsarbeiten einen Tag geschlossen.

◯ a) richtig
◯ b) falsch

2. Die Mitarbeiterinnen und Mitarbeiter

◯ a) können im 3. oder 4. OG etwas zu essen und trinken kaufen.
◯ b) sollen beim Verkauf von Essen und Getränken helfen.
◯ c) sollen zu bestimmten Zeiten zum Verkauf kommen.

Sehr geehrte Damen und Herren,

vor einer Woche habe ich mich bei Ihrem Lernportal für eine Online-Weiterbildung angemeldet. Nachdem ich den Fragebogen im Internet ausgefüllt und per Kreditkarte 9,99 Euro bezahlt hatte, bekam ich per E-Mail meinen Benutzernamen und ein Passwort.
Zuerst hat alles super funktioniert: Ich konnte mich anmelden und habe die erste Lektion „Wirtschaftsenglisch" bearbeitet. Danach wollte ich die zweite Lektion aufrufen, aber ich konnte die Seite leider nicht öffnen – stattdessen kam ein Hinweis: „Kosten für alle weiteren Lektionen: 49,99 Euro". Das verstehe ich nicht! Im Anmeldebogen stand, dass alle Lektionen des Kurses „Wirtschaftsenglisch" zusammen 9,99 Euro kosten, und diesen Betrag habe ich ja schon bezahlt. Trotzdem wollen Sie jetzt mehr Geld von mir. Das kann doch nicht sein, oder?
Bitte antworten Sie mir schnell, damit wir das Problem lösen können.

Vielen Dank im Voraus!

Mit freundlichen Grüßen
Timo Schneider

3. Herr Schneider möchte sich für einen Kurs anmelden.

◯ a) richtig
◯ b) falsch

4. Herr Schneider

◯ a) beschwert sich über den Inhalt der Weiterbildung.
◯ b) möchte den Kurs „Wirtschaftsenglisch" kündigen.
◯ c) will keine zusätzlichen Gebühren zahlen.

36 Juristische Texte

1 Lesen Sie den Text und lösen Sie die Aufgaben.

Arbeitsvertrag für geringfügig entlohnte Beschäftigte

Zwischen
Reinigung Blitzsauber, Waldweg 112, 30916 Steinbach
und
Frau Ina Müller, Buchenweg 9, 30916 Steinbach
wird folgender Arbeitsvertrag geschlossen:

Das Arbeitsverhältnis beginnt am 20.01.20xx

Frau Müller wird als Reinigungskraft eingestellt und vor allem mit folgenden Arbeiten beschäftigt: Gebäudereinigung bei Kunden nach Arbeitsplan, wöchentliche Reinigung des Büros in der Zentrale. Die Arbeitnehmerin versichert, derzeit keine weiteren Beschäftigungen auszuüben. Vor Aufnahme jeder weiteren entgeltlichen Tätigkeit ist der Arbeitgeber zu informieren.

1. Arbeitszeit und Vergütung
Die regelmäßige wöchentliche Arbeitszeit beträgt zurzeit acht Stunden, verteilt auf je zwei Stunden an vier Tagen pro Woche. Die Tätigkeit erfolgt auf Minijobbasis und wird mit einem Stundenlohn von Euro 14,00 vergütet. Es besteht kein Anspruch auf Urlaubs- und Weihnachtsgeld oder sonstige Sonderzahlungen.

2. Lohnsteuer
Die Lohnsteuer wird in Höhe von 2 % des Arbeitsentgeltes vom Arbeitgeber pauschal entrichtet und vom Arbeitsentgelt einbehalten. Im Pauschalbetrag sind Kirchensteuer und Solidaritätszuschlag enthalten.

3. Krankheit und Urlaub
Ist die Arbeitnehmerin infolge Krankheit arbeitsunfähig, so besteht Anspruch auf Fortzahlung der Arbeitsvergütung bis zur Dauer von sechs Wochen nach den gesetzlichen Bestimmungen. Die Arbeitsverhinderung ist dem Arbeitgeber unverzüglich mitzuteilen. Der Urlaubsanspruch beträgt zwölf Arbeitstage im Kalenderjahr. Die rechtliche Behandlung des Urlaubs richtet sich im Übrigen nach den gesetzlichen Bestimmungen.

4. Kündigung
Die Kündigungsfrist beträgt für Arbeitnehmer und Arbeitgeber vier Wochen zum Ende eines Kalendermonats.

1. Frau Müller bekommt einmal pro Jahr Weihnachtsgeld.
   - ◯ a) richtig
   - ◯ b) falsch

2. Frau Müller bekommt kein Geld, wenn sie krank ist.
   - ◯ a) richtig
   - ◯ b) falsch

3. Der Arbeitgeber kann nur zum Jahresende kündigen.
   - ◯ a) richtig
   - ◯ b) falsch

37 Überschriften von Zeitungsartikeln

1 Lesen Sie und entscheiden Sie bei jedem Artikel: Welche Überschrift passt am besten? Eine Überschrift passt zu keinem Artikel.

a) Änderungen verärgern Bürger
b) Busfahrer streiken
c) Mehr Busse unterwegs
d) Mehr lernen – weniger bezahlen
e) Mehr Spielplätze?

1. ______________________________

Gute Nachrichten für Kinder: Die Stadt möchte mehr Spielplätze bauen. Aber es gibt auch eine schlechte Nachricht: Es ist kein Geld da, um die neuen Spielplätze zu bezahlen. „Die Kassen sind leer", sagte Tanja Schneider von der Stadtverwaltung. Gibt es neue Spielplätze oder nicht? Wir haben den Bürgermeister direkt gefragt und das ist seine Antwort: „Leider können die Spielplätze erst gebaut werden, wenn die Stadt wieder Geld hat." Wie lange wird das dauern? Ein Jahr? Zwei Jahre? Noch länger? Der Bürgermeister schätzt: „Mit etwas Glück klappt es schon im nächsten Jahr." Das Ergebnis: Neue Spielplätze wären schön, aber es dauert noch lange, bis sie gebaut werden.

2. ______________________________

Zum jährlichen Straßenfest am kommenden Sonntag werden die Geschäfte in der Innenstadt geöffnet sein. Wegen des großen Besucherandrangs fährt die Buslinie 333 zwischen 12 und 18 Uhr im Viertelstundentakt. Außerdem werden auf der Linie 412 die planmäßigen Fahrten zwischen Oberhausen-Nord und Oberhausen-West bis zur Friedrichstraße verlängert. Ein besonderer Tipp: Wer ein Monatsticket hat, kann sonntags eine weitere Person gratis mitnehmen. Autofahrer werden gebeten, ihr Fahrzeug zu Hause zu lassen.

3. ______________________________

Lernen ist heute nicht nur für Kinder wichtig. Auch Erwachsene besuchen immer mehr Kurse, um sich weiterzubilden: Viele lernen eine Sprache, aber auch Computerkurse sind sehr beliebt in Deutschland. Damit möglichst viele Menschen Kurse besuchen können, gibt es jetzt das neue Programm „Mehr lernen – bessere Chancen". Erwachsene mit geringem Einkommen können bei der Agentur für Arbeit einen „Bildungspass" bekommen, mit dem sie ohne Gebühren einen Kurs nach Wahl zu ihrer Weiterbildung besuchen können. „Man muss aber genau hinschauen", rät Hartmut Graser vom Bundesverband der Erwachsenenbildung. „Nicht alle Anbieter von Kursen akzeptieren diesen Pass. Fragen Sie also zuerst, ob Sie einen Kurs mit dem Bildungspass besuchen können." Weitere Informationen erhält man bei der Agentur für Arbeit oder unter der kostenlosen Servicenummer 0800/0911889.

4. ______________________________

Schlechte Nachrichten für alle, die in der nächsten Woche mit dem Bus fahren wollen: Die Busfahrer der Städtischen Verkehrsbetriebe haben heute bekannt gegeben, dass sie ab Montag streiken.

Der Streik dauert voraussichtlich fünf Tage, das heißt, am Wochenende fahren die Busse wieder. Für alle, die normalerweise mit dem Bus zur Arbeit fahren wollen, gibt es als Ersatz jeweils morgens und nachmittags Taxis zu einem ermäßigten Preis. Die Fahrt ist damit nicht teurer als ein Busticket. Die Busfahrer hoffen auf das Verständnis der Kunden. Übrigens: Es geht beim Streik nicht um mehr Geld, sondern mehr Sicherheit in den Fahrzeugen, zum Beispiel durch die Installation von Kameras.

38 Betreffzeilen von E-Mails

1 Lesen Sie die Betreffzeilen und die E-Mails. Entscheiden Sie bei jeder E-Mail: Welcher Betreff passt am besten? Ein Betreff passt zu keiner E-Mail.

a) Abrechnung b) Beschwerde c) Ihre Anmeldung d) Mahnung

1. ______

Sehr geehrter Herr Thomas,

vor sechs Wochen wurde Ihr neuer Telefonanschluss von uns eingerichtet. Wir hoffen, dass alles zu Ihrer Zufriedenheit funktioniert.

Leider haben Sie aber bis heute die Rechnung für den Anschluss nicht bezahlt. Wir hatten Ihnen vor einem Monat eine Rechnung über 47,99 Euro geschickt und müssen jetzt leider noch eine Mahngebühr von 5,00 Euro erheben, sodass insgesamt 52,99 Euro fällig sind. Bitte überweisen Sie diesen Betrag so schnell wie möglich auf unser Konto.

Wenn Sie die Rechnung nicht innerhalb von zehn Tagen bezahlen, müssen wir leider weitere Schritte einleiten.

Mit freundlichen Grüßen
08/15 Kommunikation GmbH

2. ______

Sehr geehrte Frau Schenk,

anbei senden wir Ihre Stromabrechnung für das vergangene Abrechnungsjahr. Wie Sie der Abrechnung entnehmen können, weist Ihr Kundenkonto ein Guthaben in Höhe von 45,00 Euro auf, das wir in den nächsten Tagen überweisen werden. Ihr Abschlag für Strom liegt zukünftig bei 40,00 Euro pro Monat.

Mit freundlichen Grüßen
Ihre SuperStrom AG

3. ______

Sehr geehrte Frau Hansen,

Sie haben sich für unseren Weiterbildungskurs „Sicher präsentieren im Beruf" angemeldet. Dafür danken wir Ihnen nochmals recht herzlich.

Allerdings haben Sie bei der Überweisung der Teilnahmegebühr aus Versehen zu viel Geld überwiesen: 155 Euro statt 150 Euro. Wir werden Ihnen die 5 Euro, die Sie zu viel gezahlt haben, schnellstmöglich erstatten.

Außerdem gibt es eine Änderung bei den Terminen für den Kurs: Am 25. Mai muss der Kurs leider ausfallen, da in unseren Kursräumen dringende Arbeiten durchgeführt werden müssen. Der Unterricht soll am 30. Mai nachgeholt werden. Bitte geben Sie uns doch kurz Bescheid, ob Ihnen das passt. Vielen Dank!

Mit freundlichen Grüßen
L. Wehner, Sekretariat

39 Lösungen

A Selbsttest

A Texte und Aufgaben auf der Stufe A1
1 1c, 2c
2 1 falsch, 2 richtig, 3 falsch

B Texte und Aufgaben auf der Stufe A2
1 1b, 2b, 3c, 4b
2 1c, 2c, 3c, 4a, 5a, 6c
3 1a, 2c, 3d, 4X, 5b

C Texte und Aufgaben auf der Stufe A2/B1
1 1 falsch, 2 richtig, 3 falsch, 4 falsch, 5 falsch
2 1b, 2b, 3c, 4c, 5b

D Texte und Aufgaben auf der Stufe B1
1 1c, 2a
2 1 falsch, 2 richtig, 3 falsch, 4 richtig

B Informationsmaterial I

1 Wo bin ich? Orientierung in einer Stadt.
1a 2a, 3a
1b 2 Hauptbahnhof, 3 Parkhaus

2 Sehenswürdigkeiten
1 2d, 3b, 4c
2 1 richtig, 2 falsch, 3 falsch, 4 richtig

3 Werbebroschüren
1 1 Kaufburg, 2 Kardorf, 3 Kardorf, 4 Kardorf
2 1 Über uns, 2 Unser Angebot, 3 Kundenstimmen

4 Speisekarten
1 vegetarisch: M3, M6, M7, M10
2 Zahra: M3, Paolo: M9, Pamela: M8, Ingo: M7

5 Aushänge
1a 1c, 2b, 3c
1b 1 richtig, 2 falsch, 3 falsch
2 1 falsch, 2 richtig, 3 falsch, 4 richtig
3 2 deshalb, 3 dass, 4 wenn, 5 weil, 6 obwohl

C Informationsmaterial II

6 Kurze Texte in Reiseführern
1a 2 Hamburger Hafen, 3 Das Frankfurter Bankenviertel, 4 Wiener Spezialitäten, 5 Alpenpanorama, 6 Landschaftspark Duisburg-Nord (LaPaDu), 7 Trachten in Bayern, 8 Der Kölner Dom
1b 1 falsch, 2 richtig, 3 falsch, 4 richtig, 5 richtig
1c 2
1d 2 sich befinden, 3 die Gotik, 4 prägen, 5 das Wahrzeichen, -, 6 die Silhouette, -n, 7 die Kuppel, -n, 8 die Metropole, -n, 9 der Plenarsaal, -säle
1e 2 Bild 6, 3 Bild 5, 4 Bild 8, 5 Bild 2, 6 Bild 3, 7 Bild 4, 8 Bild 7

7 Hinweisschilder
1 b Rolltreppe, c Essen und Trinken verboten, d Aufzug, e Notausgang, f Werkzeug, g Treffpunkt, h Fahrradstraße, i Mobiltelefone verboten
2 1 falsch, 2 richtig, 3 falsch

8 Hinweise und kurze Mitteilungen
1a 2 Ausgang, 3 Handys, 4 Treffpunkte, 5 Werkzeugschränke, 6 Fahrräder, 7 Aufzug, 8 Speisen und Getränke
1b 2e, 3i, 4g, 5f, 6h, 7d, 8c

9 Längere Texte in Reiseführern
1a 2
1c 1a, 2c, 3b, 4a
2 2 außer, 3 Während, 4 danach, 5 also, 6 wo, 7 Da, 8 und, 9 Ab, 10 weil, 11 Heute
3 2e, 3a, 4d, 5c

10 Programminformationen
1 1 Stadtfest, 2 Tag der offenen Tür, 3 Stadtfest, 4 Tag der offenen Tür
2a Stadtfest
2b 1 Die Kokosnuss, 2 Die Sportfreunde, 3 Basteln & Malen
3a 1 Haus und Garten, 2 Die Physiker, 3 Die Kleinbürgerhochzeit
3b 1 Die Physiker, 2 Haus und Garten, 3 Die Kleinbürgerhochzeit, 4 Haus und Garten, 5 Die Physiker

D Anweisungen

11 Aushänge in Beruf und Alltag
1 2d, 3b, 4c, 5k, 6a, 7f, 8i, 9e, 10h, 11g
2 2 gelten, 3 verstauen, 4 abgeben, 5 einwerfen, 6 ausschalten, 7 reinigen, 8 prüfen, 9 enthält, 10 verzehren
3 1a, 2b, 3b
4 1 richtig, 2 falsch, 3 richtig, 4 richtig, 5 falsch
5 1b, 2d, 3a, 4c
6a 2 aufhalten, 3 kontrollieren, 4 verboten, 5 Achten, 6 Sprechen, 7 Klopfen, 8 danken
6b 1 richtig, 2 falsch, 3 richtig, 4 falsch

12 Beipackzettel
1 2d, 3b, 4f, 5c, 6a
2a 2 Anwendung, 3 Nebenwirkungen, 4 Wechselwirkungen, 5 Weitere Hinweise
2b 1 richtig, 2 richtig, 3 richtig, 4 falsch
3a 1h, 2a, 3g, 4f, 5e
3b 1c, 2b, 3c, 4c

13 Bedienungsanleitungen
1a 2 Aufstellen, 3 Betrieb, 4 Inbetriebnahme, 5 Kontaktmöglichkeiten, 6 Problemlösung
1b 2 Inbetriebnahme, 3 Betrieb, 4 Problemlösung, 5 Ansprechpartner, 6 Kontaktmöglichkeiten
2a 2d, 3a, 4c
2b 1 falsch, 2 falsch, 3 richtig
3a 2f, 3c, 4b, 5a, 6e
3b 2 sowie, 3 sobald, 4 Wenn, 5 um, 6 Wenn, 7 allerdings, 8 die, 9 solange
3c 1 falsch, 2 falsch, 3 richtig, 4 richtig
4 2c, 3d, 4b

E Kurznachrichten, Briefe und E-Mails

14 Kurznachrichten und Notizen
1 2e, 3a, 4c, 5h, 6i, 7g, 8b, 9d
2a 2p, 3p, 4b, 5b, 6p
2b 1a, 2b
3a 1, 3, 4, 8, 9
3b 2d, 3d
4 1A, 2R, 3R, 4B

15 Briefe und E-Mails

1a 2
1b 1a, 2d
1c 1 falsch, 2 richtig, 3 richtig, 4 falsch, 5 falsch, 6 falsch
2 1b, 2a, 3a, 4a, 5b, 6b
3 3
4a 2c, 3a, 4b
4b 2
4c 1b, 2c, 3c, 4a, 5c
5a 2
5b 2
6 **E-Mail 1:** 2b, 3d, 4e, 5c (passt zu 5); **E-Mail 2:** 1c, 2d, 3a, 4b
7 2d, 3e, 4b, 5c
8a 2
8b 1b, 2c
9 2
10 1 falsch, 2 richtig
11a 1f, 2b, 3d, 4h, 5c, 6e
11b 1 falsch, 2 falsch, 3 falsch, 4 richtig, 5 richtig, 6 falsch, 7 falsch, 8 richtig, 9 falsch
12a 1a, 2b, 3a, 4b, 5a, 6a, 7a, 8a, 9a, 10a, 11b, 12a
12b 1c, 2a, 3c, 4c
13 1 15. Juli um 7.53 Uhr, 2 Kölner Hauptbahnhof, Eingang Richtung Dom, 3 21. Juli um 19.36 Uhr, 4 Zug, 5 nach Leipzig und später nach Dresden, 6 Nikolaikirche (Leipzig), Schloss und Semperoper (Dresden), 7 in Leipzig: spontan überlegen, auf jeden Fall in „Auerbachs Keller" gehen, in Dresden: Führung in der Semperoper, 8 in einer kleinen Pension, 9 in Leipzig in „Auerbachs Keller", 10 200 Euro pro Person, 11 Konrad und Isabell

F Cartoons, Gedichte und Geschichten

16 Cartoons

1a 2 amüsant, 3 witzig, 4 ernst, 5 lachen, 6 die Ironie, 7 der Humor, 8 lustig, 9 der Witz
1b 1b, 2f, 3e, 4g, 5c, 6a, 7d
2a 1 kochen, 2 Großtante, 3 richtig, 4 langweilig
2b 1 Oh, ein Buch!, 2 Du hältst es verkehrt herum ...
3a 1 Bank, 2 Schloss, 3 Pension
3b 1 Tisch, 2 Konfetti
3c 1
4 2a, 3b

17 Gedichte

1 1d, 2f, 3g, 4c, 5b, 6h, 7i, 8e, 9a
2 1b, 2b, 3b, 4a, 5a, 6b, 7a, 8a, 9b
3a bleiben
3b 2
3c 2
4a 1 Beruf, 2 Abnehmen, 3 hätt, 4 Gegenstand
4b richtig
5 1 Band, 2 flattern, 3 streifen, 4 Veilchen, 5 Horch, 6 vernommen
6 5

18 Kurzgeschichten

1a 1 aufbrechen, 2 ein, 3 losgeht
1b 1c, 2a, 3b
2 1 furchtbar, 2 mitsamt, 3 drüben, 4 Fischkutter, 5 sich etwas vom Mund abspart, 6 geheim, 7 eifrig, 8 rübermachen, 9 streng, 10 Erinnerungsvermögen, 11 schien, 12 gespenstisch, 13 verborgen, 14 Schleier, 15 Kranich, 16 an
3 1 richtig, 2 falsch
4 1 drüben, 2 geheimen, 3 eifrig, 4 streng, 5 Erinnerungsvermögen, 6 mitsamt, 7 rüberzumachen, 8 schien, 9 gespenstisch, 10 verborgen
5 1 richtig, 2 richtig

G Nachrichten

19 Kurze Meldungen

1a 1 Verkaufsoffener Sonntag, 2 Neu: Kulturticket, 3 Sie haben die Wahl, 4 Terminankündigung, 5 Gesündere Mitarbeiter, 6 Für Freunde des Kinos
1b 1 falsch, 2 richtig, 3 richtig, 4 richtig, 5 falsch, 6 richtig

20 Zeitungsartikel

1a 2
1b 3
1c 2
1d 1b, 2b, 3c
2 1 fahren, 2 überlegen, 3 gebucht, 4 einfach, 5 um, 6 zu transportieren, 7 anhalten, 8 betroffen
3 2
4 2d, 3a, 4e, 5b, 6f
5a 3
5b 1 Ferien, 2 Urlaub, 3 Straßen, 4 Platz, 5 Radfahrer, 6 Sperrung, 7 Baustelle, 8 Frost, 9 Radfahren, 10 Umleitung
5c 1 richtig, 2 falsch, 3 richtig

21 Reportagen

1a 1f, 2d, 3a, 4h, 5e, 6b, 7i, 8c, 9g
1b 1
1c 1 falsch, 2 falsch, 3 falsch, 4 richtig, 5 richtig, 6 richtig, 7 richtig, 8 falsch
1d 2

H Meinungsäußerungen

22 Wortschatz

1 **seine Meinung sagen:** Er glaubt, dass ..., Ich bin der Ansicht, dass ..., Ich vertrete die Ansicht, ..., Sie ist der Meinung, dass ..., **Zustimmung ausdrücken:** Ich finde es gut, ..., Ich sehe das positiv., Ich stimme (völlig) zu., Ich teile diese Meinung., **Ablehnung oder Widerspruch ausdrücken:** Das sehe ich anders., Meiner Meinung nach stimmt das nicht., Sie ist aber anderer Meinung.
2 1 Ich finde es gut, dass ..., 2 Da bin ich skeptisch. / Meiner Meinung nach stimmt das nicht., 3 Ich stimme (völlig) zu. / Ich teile diese Meinung., 4 Ich bin der Ansicht, ... / Ich vertrete die Ansicht, ..., 5 Da bin ich skeptisch. / Das sehe ich anders. / Meiner Meinung nach stimmt das nicht., 6 Sie ist der Meinung, dass ..., 7 Ich bin der Ansicht, dass ... / Ich vertrete die Ansicht, dass ...

23 Meinungen zu einem Thema

1a 1 gemacht, 2 finde, 3 glaube, 4 nach, 5 fände, 6 vertrete
1b 2
2a 1a, 2c
2b 1 falsch, 2 richtig
3a 1b, 2a, 3b, 4b, 5b, 6a
3b Er steht Smartphones skeptisch gegenüber.
4 1g, 2a, 3d, 4b, 5f, 6e, 7c
5 1 richtig, 2 richtig, 3 falsch
6a 1f, 2e, 3c, 4b, 5a, 6d
6b 1 richtig, 2 falsch, 3 falsch, 4 falsch, 5 falsch

24 Rezensionen und Meinungen zu Dienstleistungen und Produkten

1a 1 niedrig, 2 kompetent, 3 schlecht, 4 braucht, 5 wollte, 6 gefunden, 7 wurde, 8 gegangen, 9 lösen, 10 gemacht, 11 erreichen, 12 besser, 13 billiger
1b Lydia, Clifford
1c 1b, 2c, 3c, 4b, 5b, 6b
2 1 **positiv:** schnelle Lieferung, einfacher Aufbau, **negativ:** nicht bequem, man kann die Lehne nicht verstellen,

Empfehlung: nein, 2 **positiv:** günstig, hohe Rückenlehne, bequeme Kopfstütze, **negativ:** man kann nicht viel verstellen, dünne Polster, Empfehlung: ja, 3 **positiv:** -, **negativ:** wenig Polsterung, man kann die Rückenlehne nicht verstellen, Empfehlung: nein

25 Zeitungs-Kommentar
1a 1 Damals, 2 Aber, 3 letzten, 4 begrüßen, 5 Außerdem, 6 ändern, 7 abfahren, 8 aber, 9 weil, 10 zusätzliche, 11 ohne, 12 dass, 13 Deshalb
1b 1
1c 1 falsch, 2 richtig, 3 richtig, 4 falsch, 5 richtig

I Kleinanzeigen

26 Themenfeld „Kaufen und Verkaufen"
1 der Neupreis, Festpreis, Transport, die Lieferung, Verhandlungsbasis, Abholung, Verhandlungssache, das Gesuch, Angebot, Sortiment
2 1 Festpreis, 2 Verhandlungsbasis, 3 Neupreis, 4 Transport, 5 Sortiment, 6 Gesuch
3 Angebot: 1, 2, 5, 7, Gesuch: 3, 4, 6, 8
4a Angebote: 2, 3, 6, 8, Gesuche: 4, 5, 7
4b 2 Herd und Spülmaschine / - / Abholung oder Lieferung / VB, 3 Heimtrainer / ca. 3 Jahre / Abholung oder Lieferung / VS, 4 Fahrrad / egal / Abholung / bis 50 Euro, 5 Wohnzimmerschrank / - / Abholung / bis 200 Euro, 6 Esstisch und vier Stühle / ca. 10 Jahre / Abholung / VB 250 Euro, 7 Kühlschrank und Gefrierschrank oder Kombination / - / Abholung / bis 100 Euro pro Gerät, 8 Damenfahrrad / ca. 2 Jahre / - / VS
4c 2a, Xb, 3c, 4d

27 Themenfeld „Wohnen"
1 1 Einbauküche, 2 Kaltmiete, 3 Nebenkosten, 4 Quadratmeter, 5 Untergeschoss, 6 renovierungsbedürftig, 7 Kaution, 8 möbliert, 9 Obergeschoss, 10 Tiefgarage, 11 Warmmiete, 12 saniert
2 1 saniert, 2 renovierungsbedürftig, 3 Nebenkosten, 4 Obergeschoss / Untergeschoss, 5 Tiefgarage, 6. Kaution
3 **Lage (im Ort / im Haus):** außerhalb, Dachgeschoss, Erdgeschoss, Hinterhaus, Stadtrand, Untergeschoss, Vorderhaus, zentral, **Kosten:** Kaltmiete, Kaution, Nebenkosten, Warmmiete, **Zustand / Ausstattung:** Altbau, Balkon, Neubau, Parkettböden, saniert, teilmöbliert, Terrasse
4 1 Renovierungsbedürftige, 2 qm, 3 Renovieren, 4 EBK, 5 NK, 6 TG, 7 WM
5 1b, 2X, 3c, 4a
6 1 falsch, 2 richtig, 3 richtig, 4 falsch

28 Themenfeld „Reisen"
1 1 DZ, 2 FeWo, 3 Ü, 4 EZ, 5 HP, 6 VP
2 1 Vollpension, 2 Übernachtung, 3 Halbpension, 4 Ferienwohnung
3 1 Urlaub, 2 Doppelzimmer 3 Einzelzimmer, 4 Halbpension, 5 Vollpension, 6 Angebot, 7 Kurtaxe
4a 1 a von, b während, c im, d für, e mit, f in, g ab, 2 a möchten, b finden, c brauchen, d planen, e müssen, f kommen, g können
4b 1a, 2c
4c 1b, 2c

29 Themenfeld „Arbeit"
1 2 die Teilzeit, 3 die Vollzeit, 4 die Berufserfahrung, 5 der Nebenjob, 6 das Gehalt
2a 1 Stellenangebot, 2 Stellenangebot, 3 Stellengesuch
2b 1 falsch, 2 richtig, 3 falsch, 4 falsch, 5 richtig
3a 1b, 2b, 3a, 4a, 5a, 6a, 7b, 8a
3b 1b, 2e
4a a Nebenjob für Studierende, b Zukünftige Azubis aufgepasst, c Unterstützung für die Küche gesucht!, d Bürokraft gesucht, e Verkäufer/in gesucht!, f Gartenarbeit
4b 1b, 2c, 3e, 4f, 5d

J Juristische Texte

30 Verträge
1 1e, 2h, 3j, 4b, 5g, 6m, 7a, 8l, 9d, 10c, 11f, 12k, 13i
2 1 unterzeichnen, 2 Frist, 3 bedarf der, 4 u.a., 5 d.M., 6 abgeschlossen, 7 der Zahlungseingang, 8 fällig
3a 1d, 2f, 3b, 4h, 5g, 6a
3b 1 richtig, 2 falsch, 3 falsch, 4 richtig, 5 falsch, 6 richtig
4a 1f, 2g, 3h, 4c, 5a, 6d, 7e, 8b
4b 1 beiderseits, 2 vor allem, 3 Bruttovergütung, 4 leisten, 5 derzeit, 6 Anspruch

31 Allgemeine Geschäftsbedingungen
1 1a, 2b, 3a, 4a, 5a, 6b
2 1 falsch, 2 richtig, 3 falsch

K Prüfungstraining

32 Informationstafeln und Register
1 1c, 2a, 3c, 4c, 5c
2 1c, 2c, 3b, 4b, 5c

33 Zeitungs- und Zeitschriftenartikel
1 1a, 2b, 3b, 4b, 5b, 6a, 7a, 8c
2 1 falsch, 2 falsch, 3 richtig, 4 richtig, 5 richtig

34 Kleinanzeigen
1 1f, 2g, 3c, 4e, 5d
2 1X, 2h, 3c, 4a, 5e
3 1h, 2d, 3a, 4X

35 E-Mails
1 1b, 2b, 3a, 4b
2 1b, 2c, 3b, 4c

36 Juristische Texte
1 1b, 2b, 3b

37 Überschriften von Zeitungsartikeln
1 1e, 2c, 3d, 4b

38 Betreffzeilen von E-Mails
1 1d, 2a, 3c

Bildnachweis

Uli Stein/Catprint Media GmbH: **45.1**, **45.4**; Getty Images, München: **6** (mirjanajovic); **9.1** (Olga Kurbatova); **9.2** (joshblake); **9.3** (Imgorthand); **9.4** (olegtoka); **9.5** (dar woto); **11.1**, **27.3**, **47.1**, **73**,**74.2**, **87** (kyoshino); **11.2** (SurfUpVector); **12.1** (Vladislav Popov); **12.2** (GreenTana); **32**, 36, 64, 81, 82, 84.1 (petekarici); **64**, 72, 82, 83, 84 (Paperkites); **13.1** (schulzhattingen); **13.2** (photo75); **13.3** (elxeneize); **13.4** (Matthias Rohrberg); **14.1** (TorriPhoto); **14.2** (creativesunday2016); **14.3** (anouchka); **14.4** (esseffe); **14.5** (alikemalkarasu); **14.6** (clu); **14.7** (Natikka); **14.8** (lleerogers); **15**, **57.1**, **67** (JohnnyGreig); **18** (Nachteule); **18.1** (querbeet); **18.2** (alxpin); **18.3** (Siegfried Layda); **18.4** (clubfoto); **18.5** (Kemter); **18.7** (sebastian-julian); **18.8** (Hans-Peter Merten); **18.9**, **38** (Luis Alvarez); **20.1** (Ankudi); **20.2** (Ta4860); **20.3** (istrejman); **20.4** (Evgenii_Bobrov); **20.5** (medicalstocks); **22.1** (vora); **22.2** (HT-Pix); **23** (alexsl); **24.1** (Monkey Business Images Ltd); **24.2** (Maskot); **24.3** (Tom Werner); **25.1** (christopherarndt); **25.2** (Randy Faris); **26.1**, **26.2**, **27.2**, **27.4**, **27.5** (Tolga TEZCAN); **26.3**, **34** (stockcam); **27.1**, **46** (t_kimura); **28** (KingWu); **29** (pepifoto); **30** (lightmax); **31.1** (ONYXprj); **31.2** (Batareykin); **32.2** (pagadesign); **33.1** (Morsa Images); **33.3** (VIDOK); **33.4** (stockfour); **33.5** (artpartner-images); **35.2**, **66** (ivstiv); **36.2** (KievnataliS); **44** (Maryna Andriichenko); **45.2** (Bigmouse108); **45.3** (Beboy_ltd); **47.2** (mitza); **47.3** (bgfoto); **49** (Richard Drury); **51** (Jose Luis Pelaez Inc); **52** (ollo); **53** (FatCamera); **54** (tatianaput); **55** (Simon Ritzmann); **56** (Youst); **57.3** (Weekend Images Inc.); **58** (SolStock); **59** (golero); **60** (Ville Heikkinen); **61** (Oleksandr Hruts); **62** (Eternity in an Instant); **63** (Andersen Ross Photography Inc); **68.1** (THEPALMER); **68.2** (wichai leesawatwong); **69.1** (ANASTASIIA DMITRIEVA); **69.2** (AntonioGuillem); **69.3** (SensorSpot); **73.1** (Group4 Studio); **75.1** (zager); **75.2** (Stefan Ilic); **75.3** (yuliya); Shutterstock, New York: **33.2** (Krissadakorn); © OpenStreetMap-Mitwirkende (www.openstreetmap.org/copyright) **12.3**

Textnachweis

Seite 46
Christian Morgenstern: *Wir Lyriker.* In: *Christian Morgenstern: Gesammelte Werke, hg. von H. O. Proskauer,* Basel: Zbinden, 1971. Band 3, S. 83.

Seite 47
Christian Morgenstern: *Der Mond.* In: Christian Morgenstern: *Ausgewählte Werke. Herausgegeben von Klaus Schuhmann,* Leipzig: Insel, 1975. S. 264.
Eduard Mörike: *Er ist's.* In: Eduard Mörike: *Sämtliche Werke in zwei Bänden. Mit einem Nachwort von Benno von Wiese sowie Anmerkungen, Zeittafel und Bibliographie von Helga Unger, Bd. 1,* München: Winkler, 1967. S. 684.

Seite 49
Sandra Hohmann: *Aufbruch.* In: *Wurzeln ohne Erde.* ASIN: B07F1Z5LNN, S. 1-6.

Möchten Sie mehr lesen?
Zoom – näher dran!

Der Name ist Programm: Die Texte dieser Lektüre-Reihe sind aktuell und inhaltlich breit gefächert.

ISBN 978-3-12-666921-4

ISBN 978-3-12-666920-7

ISBN 978-3-12-666913-9

ISBN 978-3-12-666905-4

ISBN 978-3-12-666924-5

ISBN 978-3-12-666909-2

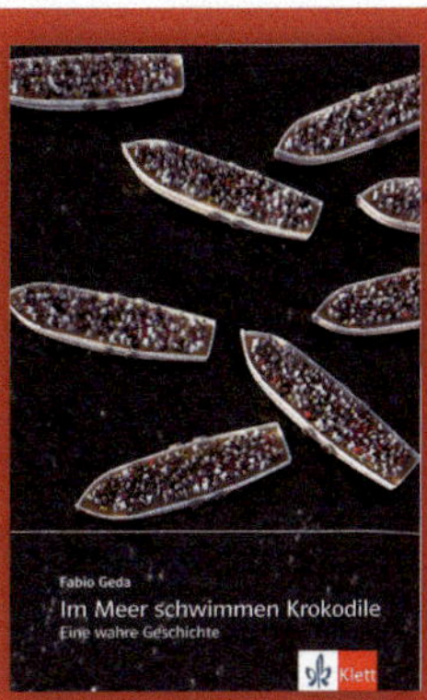

ISBN 978-3-12-666918-4

Diese und alle weiteren Lektüren finden Sie auf:
klett-sprachen.de/lektueren/c-10